手ぶらで生きる。

見栄と財布を捨てて、
自由になる50の方法

ミニマリスト
しぶ

sanctuary books

なにもない部屋の快適な暮らし

僕が暮らす4畳半、家賃2万円の部屋。とにかくなにもない。
冷蔵庫もテレビもないし、テーブルもベッドも収納もない。

カーテンもない。「部屋にいて落ちつかなくない？」と聞かれるが、むしろ僕は、
カーテンがあるほうが落ちつかない。若干変態なのかもしれない。

増やすなら、「投資になる物」を

生きるのに必要な物は、そう多くない。
無駄をなくした代わりに、「健康」や「時間」を生み出す物は、
躊躇せず手に入れたい。

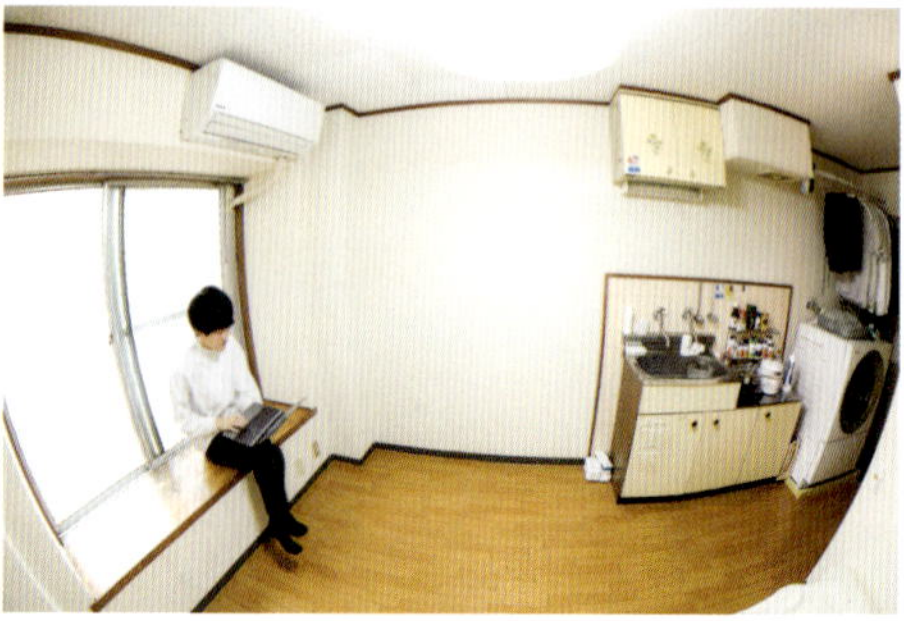

仕事のときも、食事のときも、
だいたい出窓で過ごす。

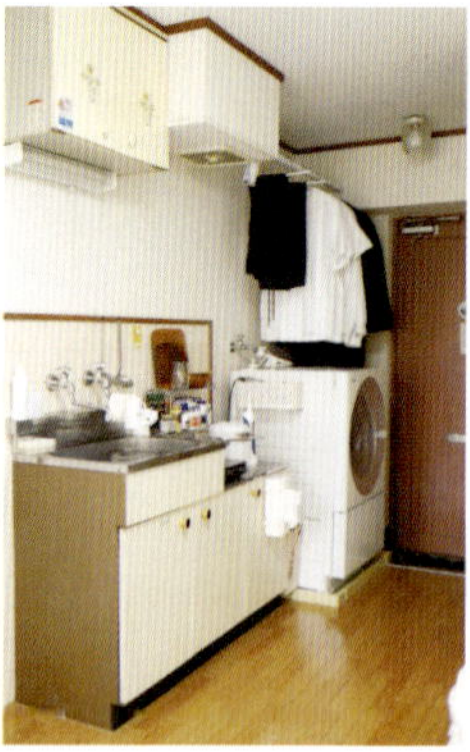

玄関付近にキッチン、洗濯乾燥機、クローゼットが横並びになっているのがお気に入り。家事の際に無駄に動かないで済むようになったのは、「配置のミニマリズム」を重視した結果だ。

ジムに毎日行くので、お風呂はほぼ使用しない。シェーバーや歯ブラシだけ、トラベルポーチに入れている。旅行のときはこのまま持ち出す。シャンプーはない。湯シャン歴5年。

調理器具は、「ジオ・プロダクト」のステンレス鍋ひとつあれば十分。1.5 合炊き炊飯器「ライスクッカーミニ」は、お米が 20 分で炊ける。サツマイモをふかすのにも使用。

冷蔵庫がないので、常温保存できる野菜や缶詰、玄米をシンクの下に。

パナソニックのドラム式洗濯乾燥機「Cuble」。型落ち品を14万円で購入。僕の家賃7カ月分。安い買い物ではなかったけれど、おかげで洗濯物を干す手間や、コインランドリーへ行く費用が浮いて大満足。

調理器具や食器も自分ひとりに合わせて、必要最小限だけ揃えている。調理器具は生活感のない「ホワイト×シルバー」で統一、食器は毎日の定番食材に合わせて、木製の皿をチョイス。

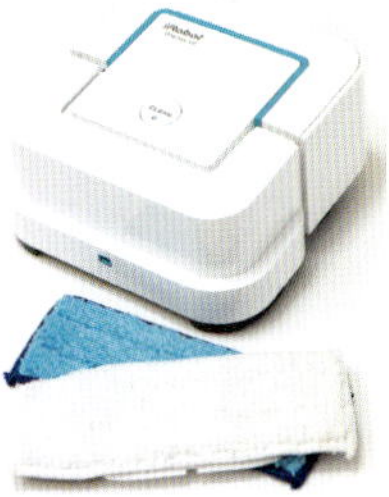

iRobotの床拭きロボット「ブラーバ」が、毎日床をピカピカに磨き上げてくれる。

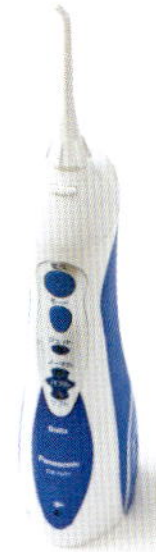

口腔洗浄器。「日本人の8割が歯周病」というニュースを見て購入した。

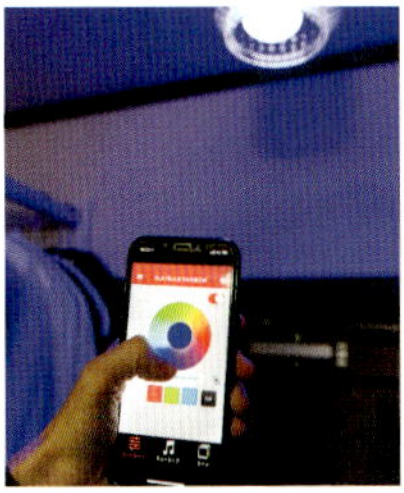

部屋の照明は、スマホから操作できるスマートLED電球「プレイバルブ」。照明の1600 万色に変えることが色をできるので、気分によって色を変えて生活にリズムをつけている。

ヘアードライヤーはダイソンの「Supersonic」。約4万円の高級家電だが、最高レベルの風力で髪をすばやく乾燥させるために購入した。

こんな家に住んでいました

もともと家は裕福だったが、中学進学の頃、父の自己破産が原因で両親が離婚。なんでも手に入る生活が一変、「お金がない」状況へと転落した。右の写真は、いちばんお金に困って、家に物が散乱していた時期。「お金は減り続けるのに、物は増え続ける」というループだった。

必要最小限の服と靴とカバンの中身

毎日の「制服」となる服や靴は、数も色もミニマルに。
1日の使用時間が長いガジェット類は、一つひとつ厳選を重ねている。

すべての衣類をハンガーでつるし、すっきりと「見せる」収納を実現。ハンガーは、肩の出ない「MAWA ハンガー」で統一。

黒のボトムス（ジーユー）×2本

白の半袖トップス（ヘインズ）×4枚

白の長袖トップス（ユニクロ）×4枚

靴は、コンバースオールスターのオールブラック×3足
ビルケンシュトックのサンダル×1足

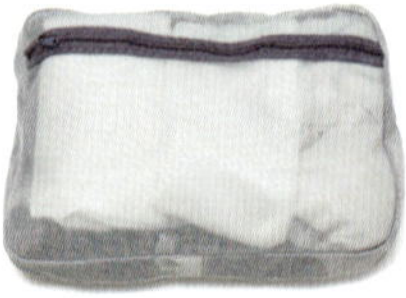

下着4枚、靴下4足 無印良品の「そのまま洗える衣類ケース」に収納。

僕の制服。「いろいろな格好をする楽しみ」よりも、「服を選ばないで済む快適さ」に圧倒的な魅力を感じている。

ダスターコート（ユニクロU）×2枚
2017年春夏モデル（レディース）、1枚買ってとても気に入り、メルカリで探してもう1枚手に入れた。

①MacBook。「職業：ミニマリスト」として生きていくことを決めたときに、ローンを組んで購入（返済済み）。
②アブラサスの「小さい小銭入れ」。
③モバイルWi-Fi。家で外でもこれひとつで高速インターネットに接続することができる。
④モバイルバッテリー兼充電器。スマホやカメラ、Wi-Fiなどの小型ガジェットはこれひとつで充電可能。
⑤アブラサスの「薄いマネークリップ」。なにも収納していない状態で薄さ 6mm、紙幣10枚とカード類 5 枚入れても 11mm。
⑥iPhoneX。SNS、電子マネー、電子書籍を読む、思いついたことをメモするなど、スマホなくしてミニマリスト生活は成り立たない。iPhone は毎年最新型に変えて、旧型は売っている。
⑦コードレスイヤホン「AirPods」。ケーブル配線のわずらわしさから解放された。

Apple 社公認ブランド Cote&Ciel のリュック「Isar Rucksack」。スティーブ・ジョブズが使用していたモデル。

「小さい小銭入れ」は、鍵と一緒に、必要最低限の小銭も持ち歩ける。

BOSE のスピーカー「Sound Link Mini」。片手で握れてしまうほどコンパクトでありながら、高級オーディオと同等の音質を再現する。趣味である音楽や動画鑑賞に欠かせない。

カメラはSONY「α5100」
360°カメラ「Insta360 ONE」。小型カメラを iPhone に取り付けて撮影できる。

ニンテンドースイッチ。家庭用ゲーム機でありながら、テレビなしでも遊べて携帯しやすい。まさにミニマリスト向け。

なんでもない日の過ごし方

**やりたいことだけを集めた僕の1日。
大切な1%のために、99%をそぎ落としている。**

7:30

起床
床で毛布にくるまって寝ている。日の光で目覚める朝は気持ちいい。朝食兼昼食のプロテインを1杯飲む。

9:00

仕事へ
電車で数駅分、1時間くらいなら余裕で歩く。交通費の節約と運動の一石二鳥。出かける前に、お掃除ロボットをセット。

10:00

仕事
ブログや記事を書く。普段使っているコワーキングスペースでは、フリーランス仲間と顔を合わせることもある。

15:00

帰路
疲れていたり気分が乗らないときは、帰り道にバスを使うことも。銭湯代わりのジムへ寄って汗を流す。

17:00

買い物
スーパーや商店街でその日の食材を仕入れる。買い物は、値下げが始まる夕方にしか行かない。新鮮な野菜をゆっくり選べるのは、最高の贅沢。

18:00

食事
これが「1日1食生活」を送る僕の定番メニュー。
サツマイモ or 玄米、サーモン・マグロなどの鮮魚 or サバ缶、アボカド、野菜スープ。

野菜スープは、鶏ガラを6時間煮込んでつくった自家製。

20:00

自由時間
インターネットやゲーム、読書など、好きなことに時間を使う。

22:00

寝る前に瞑想をすることも。床LOVE。

23:00

就寝

なににお金を使い
なにに使わないかを決めたら、
人生が動き始めた話

はじめに

僕は、なんにも持っていない。
家具や家電がほぼない4畳半の部屋に、家賃2万円で暮らしている。
月の生活費は7万円。
財布は持たない。
服と靴は毎日同じ。
食べるのは1日に1食だ。

これを読んだあなたは「我慢だらけの、切り詰めた生活じゃないか」と感じたかもしれないが、それは間違いだ。僕は今、これまでの人生でいちばん満たされている。

僕の生活を律しているのは、**「ミニマリズム」**という考え方だ。
よりストイックに、よりミニマルに自分を整えていく――この考え方に出合ったことで、僕の人生は一変する。

それまで僕をがんじがらめにしていた「お金」という存在から、ようやく解放され、自由を手に入れたのだ。

ここで少しだけ、僕の生い立ちを聞いてほしい。

僕は、まわりからも「お金持ちのボンボンだね」と言われるような、とても裕福な家庭で育った。家族は、デイトレーダーの父、専業主婦の母、妹、そして僕。ありがたいことに親は放任主義。「これがほしい」「あれがしたい」がなんでも叶う、今思えばとても甘い家庭だった。当然、家の中は物だらけ。いわば僕は、ミニマリストならぬマキシマリストの家で育ったのだ。

中学進学の頃、父の自己破産が原因で両親が離婚。なんでも手に入る裕福な生活が一変、「お金がない」状況へと転落した。シングルマザーとなった母との暮らしは、とにかく貧しく、苦しかった。裕福だった頃とのギャップに慣れることができず、そして、思春期だったことで物欲もみなぎっていた僕は、自分の境遇を「なんて不幸なんだ」といつも呪っていた。

「幸せな人生に必要なのは金。そのためにはいい大学、いい企業に入るしかない」と執念を燃やし、進学校の高校に入った。

ところが、大学受験にあえなく失敗し、浪人生活に突入。アイドルの追っかけやアルバイトに明け暮れ、どうしようもない生活を送っていた。

それでいて、高いプライドはさらにエスカレート。「(みんなに自慢できる)慶應以外行きたくない」と、意固地になっていた。今思えば、見栄っ張りのとんでもないクズだ。

二浪したあげくに僕は、大学進学をやめ、人生もあきらめモードになっていた。

そして2014年の冬。フリーターをしていた19歳の僕は、実家を離れてひとり暮らしをしたいと夢見るようになった。しかし、経済的な余裕はない。

そんなある日、Googleで「冷蔵庫　なし」と検索したことが、僕の人生を変えることになる。

たどりついたのは、冷蔵庫を持たないどころか、電子レンジや洗濯機、テレビなど、一般的に必要とされる家具や家電をいっさい持たずに生活する人のブログだった。

こんなに少ない持ち物で、こんなに幸せそうに生活できるなんて――。

衝撃を受けると同時に、その生き方に強烈に惹かれていく僕がいた。


このミニマリズムとの出合いは、「とにかくお金を稼いで、物質的に豊かになれば幸せになれる」と思い込んでいた僕に、「物では幸せになれない」ということを気づかせてくれた。僕はすぐさま、自分の持ち物をバッサバッサと処分。

そうして、必要最小限の物だけで生きる僕は今、不安やストレスと無縁の生活を送っている。少ないお金で暮らせるようになり、お金を得るためになにかを犠牲にすることがなくなった。

そして、少ないお金で暮らしているからこそ、自分にとって大切なものがよりクリアになり、僕の人生は劇的に動き出した。


「より少なく、しかしよりよく生きる」

最小限のお金と物で生きることで、見えてくるものがある。

そんな「手ぶらで生きる」方法を、これから紹介していきたい。

CONTENTS

第2章 物を自由にする。

CONTENTS

第3章 体を自由にする。

第4章 時間を自由にする。

CONTENTS

第5章 思考を自由にする。

第6章 人間関係を自由にする。

CONTENTS

≪序≫

僕の始まりは「カネ・ミニマリズム」

多くの人が抱くミニマリストのイメージは、「物を持たない人」だと思う。半分は正しくて、半分は間違っている。

ミニマリストの語源になっているのは「ミニマル」――「最小限の」という意味を持つ言葉。

そして元をたどると、ミニマリズムは「ミニマル・アート」という美術の分野から発達した概念だ。

もっともわかりやすい例が、Ａｐｐｌｅ製品だろう。誰もが知るあのリンゴのマークを強調するために、余分なデザインを極限までそぎ落としている。

つまり、**ミニマリズムの本質は、ある1点を目立たせるために他をそぎ落とす「強調」にある。**

「シンプルとミニマルの違いとは？」

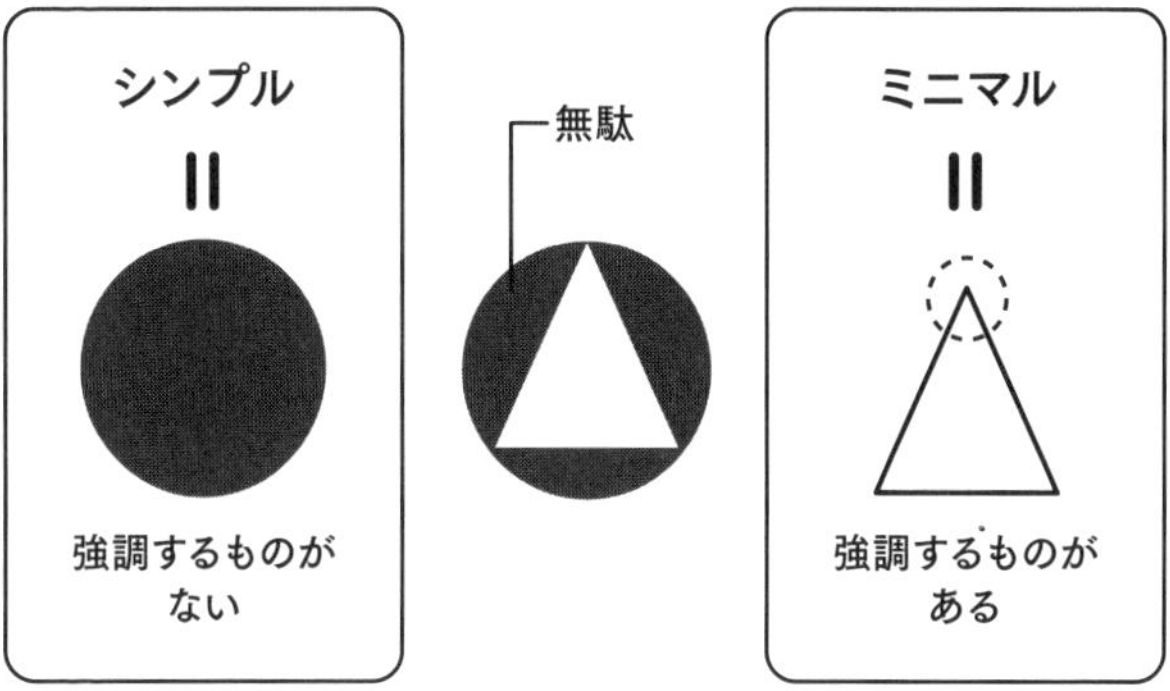

僕がミニマリストになった最初の目的は「ひとり暮らしをしたい」というものだった。

お金が全然ない中で新しい生活を始めるには、どうしたらいいか。稼ぎを増やす前に、まずは無駄な出費をそぎ落とすことから始めた。

そして「無駄」を洗い出してはそぎ落とし、自分にとって大切な「強調」すべきポイントを把握できた僕は今、必要最小限の物に囲まれ、必要最小限のお金で生活している。

「あれを買わなきゃ、あれも食べなきゃ、もっと稼がなきゃ……」

それらの望みは、本当に実現したいものだろうか？

「人からよく思われたい」

「恥ずかしい思いをしたくない」

そんな「見栄」によるものではないだろうか？


僕が生まれる前、バブルという時代があったそうだ。みんな、お金を湯水のごとく使っていたらしい。

その頃の気分を引きずっているオジサンたちは、こう言う。

「もっと上を見ろ、うまいメシを食え、いい車に乗れ、いい女を抱け」

だけど、埋めるべき空白のない時代に生まれ、あふれるほどの物に囲まれて育ってきた僕には、全然ピンとこない。

「誰かが決めた、いい物」を消費するより、「自分が決めた、いい物」に囲まれて生活するほうが、よっぽど心地いい。

「なににお金を使い、なにに使わないか」を決めることは、「自分にとって、なにが幸せか」を知ることだ。

そして、そぎ落とすべき「無駄」は、お金の出費や物の量だけでなく、生活スタイルや思考、人付き合いまで、人生のあらゆる局面におよぶ。

カネ・ミニマリズム（お金）
モノ・ミニマリズム（物）
トキ・ミニマリズム（時間）
ヒト・ミニマリズム（人間関係）
コト・ミニマリズム（思考・行動）

僕の場合は「カネ」と「モノ」からミニマリズムを実践し始め、次第に「トキ・ヒト・コト」にまで浸透させていった。

ミニマリストを目指す最初の理由はなんだっていい。

物だけでなく、人生のあらゆる場面でミニマリズムを応用してこそ、ミニマリストだ。

今の僕は「職業：ミニマリスト」。

「Ｍｉｎｉｍａｌｉｓｔ」の代表として、ブログやＳＮＳなどメディアを通して「ミニマリストの価値観を広める」ことを目的に事業を展開している。

僕がミニマリストになり、ようやく自分を取り戻せたように、多くの人にミニマリズムのよさを知ってもらえたらうれしい。

第1章

暮らしを自由にする。

01

4畳半に住む

家賃2万円、
小さな部屋の快適な暮らし

地元福岡県で暮らす僕の家は、4畳半のワンルーム。家賃は2万円。人からは「そんなに安いなんて、ヤバイ物件なんじゃないの?」と聞かれることもあるのだけど、彼らの心配をよそに、僕はとても快適な生活を送っている。

僕の部屋に、もし来ていただく機会があったら、その「なにもなさ」に驚かれるかもしれない。そう、僕が狭い家でも快適に暮らせるのは、「物がない」おかげだ。

一般的な家具・家電は、ほぼない。冷蔵庫もテレビもないし、テーブルもベッドも収納もない。

そして、僕が今の部屋を選ぶ決め手となったのが、**出窓の存在だ。**食事の際は皿を置き、読書やネットをするときには腰をかける。物件写真を見た瞬間に、そこで生活する自分の姿が自然とイメージできた。

家賃2万円といっても、昭和のドラマに出てきそうなオンボロアパートではない。鉄筋コンクリート造のマンションで、開放感のある角部屋だ。

ただし、**家賃を抑えるポイント**はいくつかある。

まずは**築年数**。僕の住む部屋は30年ぐらい経っているけれど、この時期＝バブル期に建てられた物件は、予算をかけてしっかり建てられているものが多いそうだ。古くても、つくりさえしっかりしていればなんの問題もない。

そして、エレベーターのないマンションは人気が下がって、家賃が安い可能性が高い。高さ31メートルを超える物件にはエレベーターの設置が義務付けられているので、**5階建て以下の物件**が狙い目。階段の上り下りだって、運動不足の解消につながる。

多くの人が、「家は広ければいい」と当たり前のように思っているが、それは幻想だ。これからは「小さいほうがいい」に変わっていくだろう。だから僕の「小さな生活」に、我慢はいっさい存在しない。4畳半にして余白たっぷり、極少数の大好きな物だけに囲まれた贅沢な空間で、好きなことだけをして暮らしているのだから。

今アメリカでは、なるべく物を減らし、小さな家で暮らす「**タイニーハウス**」というライフスタイルが流行している。あの消費大国アメリカですらそうなのだ。日本でも「無印良品の小屋」を筆頭に、小さな暮らしムーブメントがきている。

狭い部屋に住める人は、安い家賃で済むから、好きな場所に住むことができる。部屋の掃除も簡単だ。そしてなにより、浮いたお金で時間と生活にゆとりが生まれる。

「小さい住宅や車を購入し、その差額を見栄の消費以外に使えば幸せになれる」

これは『幸せとお金の経済学』(ロバート・H・フランク著)という本の結論だ。本書によると、見栄はDNAに組み込まれた本能で、見栄に従い家や車などステータス争いにつながる物にお金を使う人の幸福度は低いとのことだった。

この事実は、僕自身ミニマリストとして生活する中で体感していたが、経済学の観点から見ても正しかったのだ。

手ぶらでいることは、丸腰ではない。

これからの時代、ミニマルであることはむしろ、**最強の生存戦略**だ。

部屋が狭いほど、生活と心に「ゆとり」が生まれる

02

床にそのまま寝る

高級マットレスで寝ても、
床で寝ても、睡眠の質は同じ

僕は床で寝ている。

人呼んで「**床睡眠**」。マットレスや敷布団などの寝具を敷くことなく、床にそのまま寝る。夏はタオルケットを掛け、寒くなってきたら毛布にくるまる。

ツイッターでこのことについてつぶやいたら、とても大きな反響があった。多かったのが「ありえない」「やり過ぎ」という意見。なにを隠そう僕自身、最初は「さすがに、直で床は無理なのではないか？」と思っていた。

しかし引っ越しを機に、思い切って始めてみたところ、なんだかんだで問題なく続けられている。結局は慣れなのだろう。あとは「ベッドじゃないと眠れない」という思い込みを捨てることができたのも大きい。いまや、床さえあればどこでも寝られる体質になった。結局、人は横になって目をつぶれば、眠れるのである。

ツイッター上でもうひとつ多くいただいたのが、「私もやっています（いました）！」

という賛同の声。

特に、スポーツや介護の仕事などで腰を痛めたときには「硬い寝具で寝ろ」というのが医者からの決まり文句のよう。事実、医療用に「平床寝台」なる床睡眠用の板が販売されているほどだ。

そもそも、僕が床睡眠を始めたきっかけは、「**高級マットレスでも、コンクリートでも睡眠の質は同じ**」という研究データを見つけたこと。

睡眠学の権威であるウィリアム・デメント博士は、ある寝具会社から、「この新型マットレスがどれだけ睡眠の質を改善するかを調べてほしい」と依頼された。

テストの結果をわかりやすくするために、博士は「①新型のマットレスで寝る」「②従来のマットレスで寝る」「③なにも敷いていないコンクリートの床で寝る」という、3種類のシチュエーションを用意した。

そして、このテストの結果は、「どのシチュエーションでも、被験者の睡眠時間や質はまったく同じ」という衝撃的なものだったのだ。

多くの人は睡眠の質を上げようと考えたときに「高級な寝具を揃えよう」と物に頼りがちだが、手段は他にもあるはずだ。午前中に朝日を浴びる、寝る前にスマホを見ない、規則正しい食事と運動をこなす……など。

そして寝具で睡眠の質が変わらないなら、寝具で寝るのも、床で寝るのも、もはや嗜好と相性の問題だ。

それなら僕は、**より少ないほうを選ぶ**。

硬い床で寝れば、寝返りも打ちやすいし、目覚めもいい。布団の中でダニや雑菌が繁殖することもない。なにより、布団をたたんだり干したりする手間も省ける。

ただし彼女ができたら、至福の夜のために寝具を買い足すかもしれない。

そのときは、察してほしい。

布団より床に寝たほうが、目覚めがすっきりする

03

冷蔵庫は持たない

必要なときに、必要な量だけ。
過剰なストック買いをやめる

「冷蔵庫　なし」と検索したことで始まった僕のミニマリスト人生。

実は、少し前までは、ひとり暮らし用の小さな冷蔵庫があったのだが、知人にあげてしまった。

以来、かれこれ2年以上にわたって冷蔵庫のない生活を送っているが、これまでに大きな問題はない。それどころか、いいことずくめなのだ。

ここで、冷蔵庫をなくした僕に起こった変化を挙げてみたい。

①保存がきかないので、新鮮な物だけ食べる

毎日、夕食の前に近所のスーパーで買い物をするようになった。たとえば僕は鮮魚が好きでほぼ毎日食べているのだが、鮮魚は保存がきかない。だから、「魚が食べたい！」と思ったらすぐに買いに行くか、出先から帰る途中にスーパーへ。

新鮮なうちに食べる鮮魚は、本当においしい。

②食べるのが面倒くさくなって、「1日1食」の生活に

「やせたいなら冷蔵庫を捨てろ」

……今この場で僕がつくった名言だ。

家に冷蔵庫がなければ「安いからまとめて買っておこう」という発想がなくなり、家が余分な食料でいっぱいになることもない。「もっと食べちゃおうかな」なんて誘惑にかられることもなく、過食を防ぐこともできる。

1日に3回も買い物へ行くのは面倒だから、自然と1日1食になっていった。食事の回数が減れば当然、お金の節約にもなる。そして、この「1日1食生活」は、僕を超健康体へと導いてくれた。この話は、またあとで詳しく紹介したい。

③常温保存できる食材を食べるようになる

缶詰や乾物など、常温でも保存できる食材や調味料を利用する機会が増えた。魚やフルーツの缶詰、アボカド、豆乳、野菜ジュース、海苔、ゴマ、玄米など。

④常温の飲み物が好きになる

もともと健康オタクなので、飲み物を常温で飲むことにあまり抵抗はなかったが、「冷やせない」環境はその嗜好をさらに加速。水はもちろん、豆乳や野菜ジュースも常温で飲む。

冷たい物を飲むと、お腹が冷えるし体温も下がる。常温の物を飲むほうが健康なのは間違いない。

これらの変化を経て、僕は「冷蔵庫がなくても、人は十分に生活できる」と確信している。むしろ、冷蔵庫がない分、新鮮な食材を食べるようになった。さらには節約になり、過食を防げるなど、思ってもみないようなメリットもあった。冷蔵庫がないと、**人間本来の過不足ない生活**に近づく。

冷蔵庫が必要かどうか迷っている人は一度、冷蔵庫の中身を空っぽにして、コンセントを抜き、期間限定の「冷蔵庫なし生活」を疑似体験してみてはいかがだろうか。案外、なくても平気だとわかってもらえると思う。

冷蔵庫がないと、「本当に食べたいとき」がわかる

04

テレビは持たない

受け身の娯楽を減らし、
自発的な活動を増やす

僕の実家には、お風呂の中から寝室まで、テレビが6台あった。物心ついたときから、時間があればずっとテレビを見ていたテレビっ子の僕。

しかし、ミニマリストになった今、部屋にテレビはない。

テレビがないと、それだけで部屋は広くなる。テレビを購入するための時間、支払う何万円、何十万円という出費もない。

そして、**自分主体の時間が増える。**リモコンの魔力はおそろしいもので、見たい番組もないのに、気づいたらテレビの前に寝っ転がって数時間が経っていた……というのはよくある話だ。

テレビを持たなくなってからの浮いた時間は、読書などの**「自発的」な活動にあてている。**

こうなるとますます、テレビという「受け身」な娯楽で時間を潰すことを無駄だと感じるようになる。

考えてみると、「なにか新しいことを始めたいけど、時間がない」とグチグチ言っている人に限って、無駄にテレビを見たり、気の進まない飲み会に行ったりして時間を浪費している。

これは、自発的な行動を取ろうとせず、**受け身な行動ばかり強要されている自分のライフスタイル**に気づけていない証といえる。

インターネット全盛期の今、ネットだけでもある程度の情報は得られるうえ、おもしろいネット動画も増えてきた。専用のアプリやテレビ局の公式アーカイブを利用して、ネット上でテレビ番組を視聴できる。

とはいえ、テレビ番組の中にもおもしろいコンテンツは埋まっているし、まったく見ないというのも、つまらない。

問題なのは「テレビの前に座って、なんとなく番組を見る」という、受け身な視聴スタイルにある。

いまやテレビ番組は、テレビを持たなくても見ることが可能だ。ネットに接続できるレコーダーを利用して、スマホとパソコンで番組視聴できるように設定。これで、自分が見たい特定の番組だけを録画して見ることができる。CMもカットして、おもしろくない部分は早送り。こうして、自分が本当に見たいと思える部分だけを効率的に視聴している。

結局、「テレビは時間泥棒だ」とテレビを毛嫌いしている人は、正しいテレビの見方を知らないだけなのかもしれない。

今の僕は、見たい番組を網羅的にチェックしつつも、週に3〜4時間の視聴で済んでいる。

それでいて、1日中テレビを見ていた頃と比べて、満足感は驚くほど高い。

テレビを楽しむコツは、実はテレビを持たないこと

05

月に7万円で生活する

自分が1カ月に必要な額を把握する

「あなたは毎月、いくらお金があれば生活できるだろうか？」

この質問に即答できる人は、意外に少ない。僕は**7万円だと一瞬で答えられる。**

毎月かかる必要最小限のコストを把握する。

そうすれば「これだけ稼げば十分に生きられる」という目安となり、「漠然としたお金の不安」から自由になれる。

これは四角大輔さんが著書『自由であり続けるために20代で捨てるべき50のこと』の中で提唱している「**ミニマム・ライフコスト**」という考え方だ。

僕自身、ひとり暮らしを始めるにあたって「なんだ、これだけあれば生活できるのか」と知って、肩の力が抜けたのを覚えている。

もちろん、暮らし方が変われば、ミニマム・ライフコストも変わる。

僕は東京のシェアハウスで数カ月生活していたことがあるのだが、その頃のミニマム・ライフコストは11万円。11万円なら、どれだけ仕事が低調なときでも稼げるし、いざとなったらコンビニバイト110時間でまかなえる金額だ。

僕のミニマム・ライフコスト

福岡

家賃（4畳半ワンルーム）	20,000円
水道費（固定・使い放題）	2,000円
電気代	2,500円
ガス代	1,500円
食費	20,000円
消耗品代	1,000円
モバイルWi-Fi代（WiMAX）	3,825円
スマホ代（格安シム）	1,690円
コンタクトレンズ代	2,500円
サプリメント代	1,500円
アマゾンプライム会員費	325円
ニコニコ動画プレミアム会員費	540円
スポーツジム代	7,387円
会員制ワーキングスペースの利用料金	4,320円
書籍代	5,000円
合計	**74,087円**

東京

家賃（シェアハウス） ※水道光熱費・消耗品・米や卵、納豆など一部の食材込み	45,000円
食費	15,000円
モバイルWi-Fi代（WiMAX）	3,825円
スマホ代（格安シム）	1,690円
コンタクトレンズ代	2,500円
サプリメント代	1,500円
アマゾンプライム会員費	325円
ニコニコ動画プレミアム会員費	540円
スポーツジム代	12,700円
カフェ代	15,000円
書籍代	5,000円
交通費	6,000円
合計	**109,080円**

僕の独立当時の収入は、毎月9万円程度。そんな崖っぷちの状況下でひとり暮らしを始め、独立しようと踏み切れたのは、毎月に必要な生活費を限界までそぎ落としていたからだと断言できる。「毎月7万円稼げば、死なないし大丈夫だろう」と楽観的に考えられるから、思い切った挑戦ができた。

あとの項でも詳しく説明するが、スマホやインターネットの普及により、低価格・無料で使えるサービスや娯楽はたくさんある。

これらを上手に駆使すれば、少ない金額でも十分豊かに暮らすことができる。節約ならぬ賢約、それに必要なのは**我慢ではなく、情報と工夫**だ。

自分が「**これだけあれば満足できる**」という指標を持っていないと、たとえ多くのお金を稼ぐことに成功しても、「もっと、もっと」という欲望が尽きることはない。「いくらあれば十分暮らしていける」という指標を持とう。

「いくらで生きていけるか」を知るだけで、
「お金の不安」から手ぶらになれる

06

通信費は5000円以下にする

格安シム&モバイルWi-Fiで
通信費を半額にする

僕のスマホ代は、**格安シム（SIM）**を使っているおかげで**月額1690円**で済んでいる。

キャリアで契約していた頃は8000～1万円程度かかっていたわけだから、圧倒的なコストダウン。僕のミニマム・ライフコストが月7万円で収まっているのは、この格安シムのおかげといっても過言ではない。

これまで、スマホを契約する際はドコモ、au、ソフトバンクという3大キャリアを使うのが主流だったけれど、近年、格安シムを使った通信サービスを提供する事業者が増加。キャリアから電波だけを借り、無駄なサービスや人件費を削ることで、格安の通信料を実現している。

僕が契約しているのは「**LINEモバイル**」で、毎月3GBのデータ通信ができるプラン。「3GBで足りるの?」と不安に思われるかもしれないが、スマホユーザーの6割が、毎月3GB以内の通信容量で足りているというデータもある。

どのぐらいデータ通信を行うかによって料金は変わるが、格安シムなら、10GBでも月額3000円程度。まったくデータを使わないなら、1GBのプランを選んで月額1000円程度に収めることだってできる。

キャリアによくある「2年縛り」もない。縛りによる値引きもないから、月額料金はずっと一定だ。僕も格安シムでiPhoneを利用し、快適なスマホライフを送っている。

ただし、デメリットもある。まず、キャリア名の入ったメールアドレスは使えなくなるが、これはGmailなどのパソコンメールに切り替えれば対応可能。

他にも、LINEのID検索が使えなくなる（「LINEモバイル」の格安シムを契約した場合は除く）、お昼や夜などピークの時間帯は通信スピードが若干遅くなる、故障したときのサポートが薄い……など、多少のデメリットもあるが、それ以上にメリットのほうが断然大きいように僕は思う。

それで、月に（低めに見積もって）6000円が浮いたとしたら、**年間で7万2000円**もの節約になるのだ。キャリア解約時の違約金や手数料を払ったとしても、数カ月で元が取れる。

そして、家に固定回線を引くことはせず、外出先でも家の中でもＷｉ‐Ｆｉ環境を整えることのできる「ＷｉＭＡＸ」のモバイルＷｉ‐Ｆｉを使っている。

固定回線だと、月々の通信費が４０００円はかかる場合が多いうえ、初期費用や工事にかかる費用で３万円くらいの準備金がかかることも。

その点、モバイルＷｉ‐Ｆｉでネット回線をまかなえば、月々の通信費を安く抑えることが可能。固定回線は速度も速いけれど、多くの人は、モバイルＷｉ‐Ｆｉの速度で十分なはずだ。

そして、外でもモバイルＷｉ‐Ｆｉを使うようにすれば、スマホのデータ容量を無駄に消費せずに済む。僕が３ＧＢの格安シムのプランで満足できているのも、モバイルＷｉ‐Ｆｉと併用できているのが大きな要因だ。

これで、月々の通信費は**５０００円以下に抑える**ことができる。ストレスはまったくない。そしてもちろん、余ったお金は自分の好きなことに有効活用できる。

「なんとなく面倒そう」を乗り越えてみよう

07

変動費よりも固定費を大きくする

定額サービスを賢く利用する

いくらかかるか「読めない」変動費は人を不幸にし、確実に「読める」固定費は人を幸せにする。

先の項でも触れた通り、自分の生活にかかる必要最小限のコストが把握できると、人はお金の不安から解放される。

つまり、**「固定費の割合を増やす」ほど、楽に生きられる**のである。

たとえば、変動費の割合が高い人は、
▽飲食店へ行って、食べたい物をその都度、単品で注文する。
▽買い物に出かけるたびに、電車賃や車のガソリン代を支払う。
▽観たいＤＶＤを、その都度レンタルする。

一方、固定費の割合が高い人は、
▽飲食店でコースメニュー、食べ飲み放題といった定額メニューを注文する。
▽月３２５円でアマゾンプライムを契約して、お店までの交通費を払わずに買い物をする。

▽月680円でネットフリックスを契約して、近所のDVDレンタル店より安く、たくさん借りる。

実は、今の時代ほど固定費を増やすのに適した時代はない。お得で便利な「定額サービス」が次々に登場しているからだ。

先ほどの事例でも挙げたアマゾンプライムやネットフリックスがあれば、毎回お金を払ってDVDを借りる必要はない。AppleMusic、AWA、スマホでUSENなど、音楽の聴き放題サービスもある。

コンテンツ系だけではない。

ホテルの宿泊、タクシーや飛行機など、あらゆるジャンルのサービスが定額化されつつある。月々19800円ポッキリで車が乗り放題になるリースサービスも登場した。

車は購入費用の他、所有すると自動車税、車検、メンテナンス代などの維持費がかかるが、定額ならそれらもすべてパッケージに含まれている。解約も簡単だ。

さらには、飲食の分野でも定額サービスが登場。
2018年4月5日、飲食店が余らせてしまった廃棄食品を毎月定額で食べられるサービス「Reduce GO」がリリースされた。
月額1980円払えば、毎日2回まで近隣の飲食店の余剰食品を食べることができる。極端な話、うまく使えば、月の食費を1980円に固定することだってできるかもしれない。

今後も、こういったサービスはどんどん増えていくだろう。ミニマリストには、**新たなサービスをキャッチする情報力**と、それを**積極的に取り入れる柔軟性**も必要だ。

出費の振れ幅が小さくなれば、不安はなくなり、生活はしやすくなる。
自分のお金の使い方のクセを攻略できている人は、強い。

あらゆる費用の固定化が、家計管理を楽にする

08

収納は持たない

部屋に備えつけられた
収納だけで収める

僕は収納を持たない主義だ。ひとり暮らしの家でよく見かける衣装ケース、3段ボックス、ラックの類は、絶対に持たないと決めている。

収納をつくって空白を増やせば、その空白を埋めようとするのが人の性質。でも、収納がなければ、その範囲内で収めようとする。

だから僕はできるだけ、**部屋に備えつけてある収納だけ**でどうにかできないかを考える。

キッチンに調味料や器具を入れるための収納はなく、洗剤や調理道具などもそのまま直置き。そもそも数が少ないので、シンクやコンロまわりのスペースで十分だ。

洋服も数が絞られているので、トップスもボトムスも、クローゼット代わりのつっぱり棒にすべてをハンガーづり（肩の出ない「MAWAハンガー」で統一。見た目も美しくおすすめ）。毎日使うお掃除ロボットも床に直置きだ。

そして、これらはすべて「**見える状態にある**」のも特徴。隠さず、直置きしても大丈夫な物だけを残すよう心がけている。

物は、隠すと増える。多くの人にとって、「収納に入れる物＝隠したい物」。隠すということは、物になにかしら問題がある状態だといえる。
あなたの部屋にも、デザインが美しくない、使う頻度が減った、妥協して買ったなどの理由で、隠している物はないだろうか。隠していると気にならないが、その分のスペースを無駄にしていることになる。まさに「死蔵」だ。

ホームセンターや家具店に行けば、便利な収納グッズが山ほど売られている。お昼の情報番組では「100均グッズを使ったおしゃれな収納テクニック」のようなものが次々と紹介される。しかし、悲しいことに、これらのグッズやテクニックを駆使すればするほど、物は増えていく。
部屋が散らかっているのは収納がないせいではない。部屋にいらない物が多過ぎるせいだ。

先日おもしろい動画を見つけた。「部屋のビフォーアフターを見て、盗まれた物に気づけなかったら没収」という企画。挑戦者はなんと、20万円の高級カメラに気づくことができなかった。

盗まれても気づかない物があるなんて、ある意味で異常だ。明らかに「持ち過ぎ」の状態だといえるし、没収された本人も「ただの置き物扱いで、あまり使っていなかった」と動画内で反省していた。

とはいえ、僕もまったく収納を持っていないわけではない。持ち歩いて使うパソコンは「リュック」、薬類は「クラッチバッグ」、シェーバーや歯ブラシなどの水まわりの物は「トラベルポーチ」に入れて収納している。

これらの収納用品に共通するのは、すべてが「**収納以外の使い道がある**」ということ。いずれも**「収納」と「持ち運び」**の両方を兼ね備えている。

家族形態やライフスタイルによって、「収納のための収納」が必要な場合もあるだろう。大切なのは、「整理する前に、収納をなくせないか」を考えることだ。

「収納のための収納」を持たなければ、物が増えない体質になれる

09

狭い家に引っ越す

「捨てる努力」より、
「引っ越す努力」をする

物を減らしたいなら、絶対にうまくいく方法がひとつある。

それは「**今より狭い家に引っ越す**」こと。狭い部屋に引っ越せば、強制的に物を減らす必要性が生まれる。

あなたも、引っ越しのときにごっそり物を捨てた経験はないだろうか。


人を変えるのは意思の力ではなく、環境の力だ。だから、「捨てよう」と努力するよりも、まずは**「環境」を変えるのに100％の力を注ぐ**こと。そうすれば、環境に合わせて自身の行動もおのずと変わっていく。


「引っ越しの見積もりで150万円を請求された」

引っ越し難民に関するニュースの内容である。

引っ越しシーズンのために高額な費用を請求され、国民生活センターに相談が相次いだらしい。

引っ越しの費用が150万円というのも驚きだが、加えて物が多いので、家賃が高く広い家に住む必要があるだろうし、入居にかかる初期費用だって高くつくだろう。

それだけじゃない。大量の持ち物を分別したり、梱包して運び出すなど、時間とエネルギーも莫大にかかる。

だからこそ、引っ越しを機会に物を減らすといい。

たとえば僕の場合、大型家電の洗濯乾燥機ひとつを除けば、持ち物すべてがキャリーケースひとつと、リュックひとつに収まる。

実際に過去、ひとり暮らしをした部屋から都内のシェアハウスへ上京したときは、キャリーケースひとつだけで引っ越しを済ませた。

持ち物を減らすことで、人によっては引っ越し業者を使わずに引っ越しができるのだ。「キャリーケースで」とはいかなくとも、軽トラックや普通自動車1台だけで、あとは宅配便でダンボール数箱を配送するなどは現実的だろう。

使っていない物のために広い部屋に住むのは、**スペースに対して無駄に家賃を払っているのと同じ**こと。

「物が増えたから、トランクルームに預けよう」などというのも、その最たるものだといえるだろう。

手荷物を預けるためのコインロッカーにさえ、お金と管理する手間暇がかかるのだ。**「所有」にはコストがかかる。**

逆に、無駄な物を減らせばその分、狭いスペースで満足できるようになるので、家賃の安い部屋に住むことだってできる。

なにより、少ない持ち物で、小さい部屋に住むことで、フットワークも軽くなる。

たとえば、家賃2万円の僕の家は、初期費用が6万円、退去費用は2万円。つまり、僕は引っ越しの際に、8万円ほどあれば、簡単に引っ越せるのだ。

環境を変えるのに、8万円は安上がりだろう。

「引っ越し」の強制力を使って、所有グセを手放そう

第2章

物を自由にする。

10

財布は持たない

リスクなし、メリット多数のキャッシュレス生活僕は現金を使わない。というのも、僕自身が圧倒的に「**現金否定派**」の人間だから。最近はもっぱら、iPhoneだけでほとんどの支払いを済ませている。iPhone7以降に搭載された「ApplePay」を使えば、「QUICPay」「Suica」の支払いに対応。近所のスーパーや電車移動など、日常的なほとんどの支払いはiPhoneだけで完結する。

ネット通販や、電子マネーが使えないときにはクレジットカードを代用。さらに、楽天カードに付属している電子マネー「楽天Edy」があれば、ほとんどの購買行動に対応が可能だ。

それでも、飲食店や観光先などで、どうしても現金が必要な場面はある。そんなときのために持っているのが、小銭も収納できるキーケースとマネークリップ。ミニマリストにも愛用者の多い、アブラサスの物を使用している。とにかく薄いのが特徴で、ズボンのポケットに入れても財布の存在感を感じないほど。日頃は家に置きっ放しで、必要なときにだけ持ち歩く。

というわけで、僕は多くの人がイメージする「財布」を持っていない。
さらに、キャッシュレス生活には明確なメリットがある。

①ポイントの恩恵

仮に、1%で還元されるクレジットカードで年間200万円を支払うと、2万円が戻ってくる計算だ。最近は、公共料金などもカード払いができるケースが増えている。

②会計のスピードの速さ

お札と小銭を数える必要がないので、時間の節約はもちろん、レジの混雑解消にもつながる。スーパーやコンビニで一度試すと、その会計スピードに驚くだろう。

③家計簿の自動化

現金での支払いは記録に残りにくく、管理が曖昧になる傾向にある。電子マネーであれば、家計簿の自動化が可能だ。

なにより、現金には「すべてを失う」リスクがある。実際、僕は旅先の京都で財布を紛失し、現金2万円とカード類を失った。こういった場合、クレジットカードや電子マネーは、支払い機能を停止することができる。

しかし、現金と数万円かけて買った財布本体だけは、永久に戻ってこないのである。

「形ある物を持つ」ことのリスクは計りしれない。


最後に、こんなエピソードを紹介したい。

「キャッシュレス派は現金派に比べ2・7倍も多く貯蓄している」これはJCBによる調査結果だ。昨年1年間での平均貯蓄の増加額を調べたところ、キャッシュレス派が87・6万円、現金派32・5万円でその差は2・7倍にもなったという。

言葉を選ばずいうと、現金は無思考かつ誰にでも使えるが、キャッシュレスを使いこなすには相応の工夫が必要だ。

日常生活で**「もっとよりよく」と考えているかどうか**、という意識の差があらわれた結果に思う。

生活の中から現金を排除するだけで、
リスクは最小限になる

11

毎日同じ服を着る

お気に入りナンバーワンの服を、
自分の「制服」にする

僕は、毎日同じ服を着ている。もはや「制服」である。同じカットソーを4着、スキニーパンツを2本、コートを2着持ち、Tシャツや靴下、下着なども4着ずつ揃えている。

服だけでなく、靴もそうだ。僕の玄関には、まったく同じコンバースのスニーカーが3足並んでいる。

そもそも、僕はファッションが大好きな人間で、中学や高校の頃は、少ないお小遣いやアルバイト代の大半を、洋服やファッション誌の購入に使っていた。

しかし、流行の物や斬新なデザインを買っても結局、着るのはお気に入りの服ばかり。それなら「お気に入りナンバーワンの服」を毎日着続けたほうが、おしゃれで、快適ではないか——と考えたのが「私服の制服化」を始めたきっかけだ。

「同じ服ばかり着ていたら、すぐに飽きるのでは」と不安に思いながら始めた「制服」生活だったが、「いろいろな格好をする楽しみ」よりも、**「服を選ばないで済む快適さ」に圧倒的な魅力**を感じている。

人は、**1日に9000回もの選択**を行っているそうだ。

「なにを食べて」「なにを着るか」など、生活の中で物事を決断する機会は多く、1回1回の決断は苦でなくとも、積もり積もって大きなストレスになる。しかし、同じ服を着続けていれば、「決断疲れ」に陥るリスクを軽減することができる。スティーブ・ジョブズ、マーク・ザッカーバーグなども、仕事に集中するべく毎日同じ服を着ていたのは、あまりに有名。

「同じ服ばかり着ていたら、自分の個性を発揮できないのではないか」と思われがちだが、実は逆だ。むしろ**一貫性のあるおしゃれ**さんだと思われたりする。

ありがたいことに、僕も最近、街で声をかけられる機会が増えた。そのときに必ずといっていいほどいわれるのが「ブログで見る服装と同じだったので」というお言葉。服しかり、厳選に厳選を重ねた持ち物は、その人のトレードマークになり得る。「服がたくさんほしい。いろいろな格好をしたい」という人が大多数なので、いつも同じスタイルをしているだけで十分に個性的だ。

そして、「制服」となる服の選び方には、いくつかポイントがある。まず、**無地か**

つシンプルなアイテムであること。柄物を選ぶと合わせるアイテムも限られ、すぐに飽きを感じる。

僕のコーディネートは**「黒×白」の必要最小限の2色のみ**で構成されている。それから、必然的に洗濯する回数が多くなるので、**丈夫でシワになりにくい素材**を選ぶことも意外に重要。

流行りの服を買い、その日の気分やシチュエーションに合わせて服を選ぶのは、たしかに楽しい。

それでも僕は、あえて毎日同じ服を着る。コーディネートを考える手間や時間を省ければ、そうして生まれた時間やお金を、他のことにいかせるから。

ファッションのことを頭から追い出すことで、自分自身のやりたいことや、未来のための活動に集中できるのである。

個性やアイデンティティーは、服装でなく自分自身で表現するもの

12

「限定物」ではなく「定番物」を買う

「いつでも、どこでも」買える安心感

以前の僕は、「絶対に人とかぶりたくない」という一心で、「限定物」ばかり買っていた。服を買うときも、「せっかく買うなら」という思いもあってか、シーズン限定物や数量限定物ばかりをチョイス。

けれども今は、必ず「Tシャツは○○」「スニーカーは△△」といった具合に、**「定番物」を買うと決めている。**

たとえば僕は最近、黒スキニーを2着買い換えた。

「黒スキニーを買うときは、ジーユーの28インチ」と決めてあるので、お店選びも迷わないし、店内に入って商品を手にしたら、すぐにレジへ直行。

履き心地もサイズ感も同じだから、試着する手間も省ける。

それも、買い直したのは旅先の京都。洗濯の繰り返しによる色落ちが気になり出し、突如思い立った買い換えだったが、「今、京都で同じ物が買える……！」と、ちょっとした感動すらあった。

「限定」「○○エディション」なるフレーズに惹かれる気持ちもよくわかる。しかし「もう手に入らない限定物だから、より大事に使える」というのは偉大なる勘違い。

どんなに大切にしようと心に誓っても、物である以上、いつか必ず劣化する。

地震で家じゅうの物が全損するかもしれない。未来は予測不可能だ。

もしそうなった場合、限定物だと「また自分に合った物を選び直す」という負担が生じる。


だいたい、「もう手に入らない品だから」と気を遣いながら使用するのも、大きなストレスだと思う。


その点、定番物であれば、同じ物を買い直すだけで済むし、使い勝手も同じ。全国どこでも、安心して購入することが可能だ。

お店を探したり、いくつかの候補の間で頭を悩ませたりする必要もない。

ちなみに、僕の持ち物の一例を挙げると、

【Tシャツ】ヘインズ
【スキニー・靴下】ジーユー
【スニーカー】コンバース

【サンダル】ビルケンシュトック
【財布】アブラサス
【スマホ・パソコン】Ａｐｐｌｅ

これらはすべて、いつでもどこでも買える、定番の商品だ。

誰もが知っていて、一度は使ったことがあるはずだ。どれも定番だけに使い勝手がよく、シンプルなデザインで気に入っているから、これらの物を愛用している。

そこに奇抜な個性はないが、そもそも、**個性は持ち物で出すものではない。**

「定番」と呼ばれる商品には、多くの人に愛用され続けるだけの価値がある。

それを使うのは、「自分らしい」選択をあきらめることではない。

先人たちの歴史が詰まった「定番」が持つメリットを、ありがたく享受しよう。

「めずらしいアレ」より、

「飽きないアレ」を買おう

13

「レンタル」「シェア」を使いこなす

世の中の流れは、
「所有」から「利用」へ

最近、カフェを併設する書店が増えた。書店内の本を購入せずとも、コーヒー1杯さえ注文してしまえば、好きな本をテーブルに持ち込み、読書しながらコーヒータイムを楽しめるという仕組みだ。

先日、印象的だったのが、ガイドブックを数冊手に取り、ワイワイと楽しそうに旅行の計画をしていた女子大生2人組。

もちろん、本は買われることなくお店の本棚に戻される。でも、「ガイドブックを読むために、コーヒーが売れている」わけだから、お店と客はWIN-WINの関係だといえるし、「何度も読み返したい」と思える運命的な本にめぐり合うことがあれば、購入にいたるだろう。

この「借りて読む」という仕組みは、これまでは図書館が担っていた。しかし、図書館だと入荷する冊数に限りがあり、人気の本だと予約待ちで何カ月も読めなかったりする。

その点、書店&カフェなら、最新の本を気軽に読むことができる。

こういった形態のお店が、これからもどんどん増えていってほしいと切に願う（もちろん、この本もカフェで読んでもらってかまわない)。

今、世の中には、物を**「所有」せずに、レンタルやシェアなどのサービスを通じて「利用」**する、という流れがあるように思う。

レンタカーや**カーシェアリング**の定着化は、その象徴ともいえる。大人たちは「若者の車離れ」なんて眉をひそめるけれど、公共交通機関と自転車があれば事足りる都会に住んでいる限り、車を持つのは圧倒的にコスパが悪い。

毎日同じ服を着ている僕は、靴も同じコンバースのオールスターを3足揃え、それを傷まないように日替わりで履いている。

しかし、「スニーカーでは、どうしてもTPOに合わない」というときも、ごくまれにだがある。結婚式やお葬式、ドレスコードのある店に行くときなどがそうだ。

そんなときに便利なのが、**ファッションレンタルサービス**。

男性、女性向けに何種類かのサービスがある。「leeap」のように全身コーディネートを基本とするサービスもあれば、「DMMファッションレンタル」のように、靴などの小物を単体で借りられる物も。僕も使ったことがあるのだが、久しぶりに「いつもと違う自分」になれて少し楽しかった。

ちなみに「DMMファッションレンタル」の場合、メンズのビジネスシューズは2日間で1980〜4980円程度。量販店に行けば新品を買えそうな額ではあるが、その額で買える靴の質は推して知るべし。

「たった1回」のために、その場しのぎで「大して気に入っていない」靴を買うなんて、無駄が多過ぎる。そうして買った靴は下駄箱の奥底に追いやられ、遠くない将来に「捨てる」という手間も発生することだろう。

それなら、必要なときがきたら、必要経費をかけていい靴をレンタルするのが賢い。

服や車だけでなく、オフィスや宿泊先、自転車や駐車場など、今ではあらゆる物がシェア化可能だ。物を持たずに豊かな生活を送れるのは、「レンタル」「シェア」の時代ならではである。

手元になんでも抱えるより、身軽に豊かな生活を送る

14

スマホは大型サイズを選ぶ

物を選ぶときの、
自分なりの優先順位を持つ

「あれ、スマホ大きいね？」と、人からよく言われる。

このセリフには、「（ミニマリストのくせに……）」という気持ちが隠されているのだろう。「小さければ小さいほどいいいんじゃないの？」と。

大型サイズのスマホを選んでいるのには、明確な理由がある。僕は電子書籍をたくさん読むし、メモ魔なのでスマホに文章を打ち込むことも多い。画面に向き合う時間が長いので、小さな画面では目が疲れてしまう。

一度、「画面が大きいほうが目も疲れないだろう」ということで、タブレットPCを買ってみたことがある。しかし、スマホとタブレットの「2台持ち」は、僕にとってストレスでしかなく、すぐに手放してしまった。

こうして**「大きなスマホを持つ」というのが、僕にとっての最適解**となった。

ちなみに僕は、傘も大きい物を買う。雨に濡れるのが大嫌いなので、濡れるのを最小限に抑えるには「大きな傘」が絶対的に必要なのである。

そして、こちらは折り畳み傘との「2本持ち」。「もしかしたら降るかもしれない」

程度のときに大きな傘を持ち歩くのは鬱陶しいし、ザーザー降りのときに折り畳み傘で出かけるのは心もとない。

「ミニマリストのくせに、傘を2本も持っているなんて……」とお思いだろうか。

でも、僕にとっては「雨に濡れたくない」というのが最優先事項だから、それに対応するための物を持っているだけ。そこに、無駄はない。

これが、「雨に濡れても気にならない」という人なら小さな折り畳み傘だけでもいいだろうし、「車移動が中心なので、傘を車に置いておける」という人は、大きな傘が車内に1本あればいいだろう。

自分の中の「譲れないもの」や、置かれている状況によって、必要な物は変わる。いちばん大切なのは、**「必要最小限」をどこにフォーカスするか**、それに**「必要な物」を見極める力**だ。物の「少なさ」にこだわることではない。

なんにもない僕の部屋だが、ちょっと自慢したい物がひとつある。それは、「**プレイバルブ**」というスマートLED電球だ。iPhoneでのリモート操作により、照明の光を赤、黄、青、紫などさまざまな色に変えることができる。

一般的に、照明は「明るく照らす」ことができれば必要十分。でも、なにもない部屋に住む僕は、「物がない分、照明でアクセントをつけよう」と思ったのだ。

ゆったりしたいときは青、集中したいときは真っ白というように、そのときの自分の状態に合わせて色を選ぶことで、生活にある種のリズムが生まれている。

無駄をそぎ落とした部屋だからこそ、この照明のよさが際立っている。まさに「強調」、ミニマリズムの目指すところだ。


ミニマルにするために、あるいは、ミニマルであるからこそ、「**小さくするために、大きい物を選ぶ**」ということもある。

「買う」「持つ」「考える」「手放す」を何度も繰り返すうちに、「強調したい部分はどこか」という、自分にとっての最適解が見つかっていく。

他人ではなく自分の目線で、「強調」すべき点を決める

15

「出口戦略」を考えて増やす

中古の口紅すら売れる「シェアの時代」に必要なスキル

僕は毎年、ｉＰｈｏｎｅを新型に買い換えている。

「物を大切に使うのがミニマリストなのでは？」、はたまた「そんなお金があるの？」なんて声も聞こえてきそうだが、これには明確な理由がある。**ｉＰｈｏｎｅには、理想的な「出口」**があるのだ。

Ａｐｐｌｅ製品は需要が高いので1年使って中古で売れば、購入時の6〜7割の金額が戻ってくる。

だから新型であっても、少ない持ち出しで買えるし、売ることが前提なので自然と大切に扱うようになる。

売りやすいという点も魅力だが、なにより高性能なスマホに乗り換えることで、仕事で使うアプリの起動速度が向上し、バッテリーの劣化が気にならなくなり、ストレスフリーにつながる。それでいて、ミニマルなデザインは使っていて心地よい。

これからの時代、**「出口戦略」を考えて物を買うことが不可欠**になっていくだろう。たとえば、フリマアプリのメルカリでは、ありとあらゆる物が売られている。なんとメルカリでは、使用済みの口紅でさえ、先端部分をカットすれば数千円で売れるのだ。

フリマアプリの普及により、「物の流動性」は飛躍的に高まった。

ハロウィンの衣装や教科書などは「**必要なときに買い、終われば売る**」が繰り返され、同じ商品がアプリ内をグルグルまわっている。

「価値が下がりにくく、瞬発的にニーズが発生する物」が、アプリを倉庫のようにしてシェアされているのだ。


元ライブドア社長の熊谷史人さんが、娘さんの成人式の振り袖について、「ヤフオクで5万円で買って、あとは転売して小遣いにしてもらおうと思う」という内容をツイッターに投稿していた。つまり「成人式の振袖を保存し続けて親子代々で着る」という従来の考え方も変わりつつある。

さらに、流行に敏感な女性は、「流行の服を新品で買い、流行が終わる頃にフリマアプリで売る」なんてことをやっている。

そうすることで、「最新のおしゃれをしたい」という欲求を満たしつつ、「あとから流行に乗ってきた人」に洋服を売ることで、結果的に安い金額で洋服を楽しむことができるのだ。

トレンドに敏感であることが、経済的に得する仕組みになっているのは興味深い。

僕の考える物の理想の出口は、**「売る」「譲る」「使い切る」のどれか**だ。悪い出口は「捨てる」ことで、「使わないのに、持ったまま眠らせる」というのも同じくらいよくない。物の出口を考えることは、これからの「シェアの時代」に欠かせないスキルなのである。

なにもこの「出口戦略」は物に限った話ではなく、人生のあらゆることに通じる話だ。**「さよならだけが人生だ」**。僕の好きなアーティスト、伊東歌詞太郎さんの曲名だ。出会いと別れがセットであるように、入り口をくぐり抜けた瞬間から、ベストな出口を目指して走り抜ける必要がある。

価格が高くても、出口がある物を買うと結果的に得をする

16

増やすなら「投資になる物」を

価値を生み出す物は、
躊躇なく増やす

意外に思われるかもしれないが、僕は**「物を増やす」ことを躊躇しない。**

ミニマリストになると、「減らす」ことに注力するあまり、「物の数の少ない人が強い」という価値観にとらわれてしまうことが多い。

たまに、僕もツイッター上で「俺のほうが物が少ないぜ」というケンカ（？）をふっかけられることがあるけれど、取り合わないようにしている。

ミニマルかどうかを計るのは、物の数ではないのだから。

僕が躊躇なく増やすのは**「投資になる物」**。

たとえば3年ほど前、この仕事を始めるにあたり、僕はローンを組んでまでMacBookを買った。その頃はフリーターで、10万円もするパソコンを買うのは、かなりの覚悟が必要だった。

それでもMacBookを購入したのは、「これからミニマリストを仕事にする」という自分なりの意思表示でもあった。実際、ブログを書くのにMacBookは大活躍。ブログ収入で生計が立つようになり、ローンを返すどころか、あっという間に投資分も回収できた。

人気ユーチューバーのないとーさんが160万円のパソコンを購入したときにこんな話をしていた。

「パソコンは高かったけど、おかげで10秒かかる作業がほぼ0秒になった。この作業を1日に50回ほど、365日も毎日行うから、作業効率がとてもよくなった」と。

短縮された時間を計算すると、なんと1年で50時間。1年365日が367日にも増えるのだから、すごく素敵なお金の使い方だ。

大切なのは、その「物」が、**どれだけの投資効果を生むのか、見る目を養う**こと。

『出口戦略』を考えて増やす」の項で書いたiPhoneもそうだ。

メルカリの調査によると、年末の大掃除のゴミ処分で、ひとり当たり平均約5万8000円の機会損失が出ているという。処分したゴミの内容は、上位から洋服、靴、本。多くの人が、これだけのお金をドブに捨てているのだ。

まずは、「本当に必要か」を吟味して買うこと。そして、買うときには「不用ならば売れる」物を選び、必要がないとわかった時点で早く売り抜けること。年末まで不用品を部屋に置いておくのは、スペースも時間ももったいない。

僕の好きな言葉のひとつに、岡本太郎さんの「**人生は〝積みへらし〟だ**」という言葉がある。「積み重ね」ではなく、「積み減らし」。

ミニマリストの生き方は、まさに積み減らしだ。増やしたり減らしたりを繰り返しながら、その都度、必要最小限を維持していくのが理想だ。

僕たちは「減らす」ために生きているのではない。いろいろなことを経験しつつ、そのうえで必要な物を残していくのが大事だ。

生み出した余白を使い、「**変わり続けること**」こそミニマリストの真骨頂。

僕は、理想の自分へ向かって積み減らしていく。

「積み減らし」で、自分にとって
本当に必要な物を残していく

17

「好き」ではなく、「大大大好き」な物を選ぶ

「100の大好きリスト」で可視化する

ブログやツイッターを通じて、読者の方からお悩みが届くことがある。

先日は、大学3年生の男の子から「金遣いの荒さ」について相談された。ミニマリストの生活スタイルに憧れているのに、物への欲求が抑え切れず、ほしい洋服があると我慢できずにすぐ買ってしまうのだそう。

まず大前提として、「ほしい」と思った物を買うこと自体は悪くない。自分にとって本当に必要かどうかは、一度手にしてみないと確認できないし、手にしてみて「これは不要だな」と思ったなら、売るなり譲るなり捨てるなりすればいいだけのこと。

心の底から「ほしい」と思える物を買わずに我慢してモヤモヤするぐらいなら、躊躇なく手に入れたほうがいい。


問題なのは「ほしい」と思ったときの理由、すなわち物欲の正体が「**他人からよく見られたい**」という見栄の場合。特に、ファッションは「人との比較」が顕著になる最たる例だ。

流行に追いつけているか、他人から「ダサい」と思われていないか……いろいろなことを気にしながら服を選んでいないだろうか。

もし、他人の目を意識しながら服を選んでいるとしたら、それは自意識過剰。残念ながら、他人はあなたをそこまで気にしていない。

だから、自分の持ち物は、完全に**「自分本位」で選んでいい**のである。

たとえば僕は「大好きな黒のロングコートを毎日着るにはどうしたらいいか」を基準にクローゼットの中身を選定。黒いロングコートが好きだから着る、ただそれだけ。他人から「無難でつまらない」と思われようが、どうでもいい。

究極的には「必要＝好き」だと、僕は考えている。それも**「ちょっと好き」ではなく「大大大好き」と思えるレベルの「好き」を大事にする**こと。中途半端な「ちょっと好き」レベルで物を選んでいたら、心が完全に満たされることはないし、物欲も一生おさまらない。

「好き」を突き詰めるには、**「100の大好きリスト」**が役に立つ。固有名詞から抽象的な物まで全部、頭にパッと浮かんだ『自分の好きなもの・こと』

を書き出していく。

僕なら、チワワ、サーモン、アボカド、寝ること、読書、アニメ、モノトーン、カメラ、心理学、サウナ……と、とにかく100個に到達するまで、どんどん書き連ねていく。おもしろいくらい、自分の好きがダダ漏れになる。

100個を書き切るのもそうだが、100個に絞るのはもっと難しい。こうして紙に書き出すことで、自分の「好き」が可視化され、より鮮明になるのである。

あとは、この「好き」にあてはまる物だけを残せばいい。

たとえば、「モノトーンが好きだと改めてわかったから、白と黒以外の持ち物を捨てよう」という具合に。

紙とペン片手に、自分の好きを洗いざらい吐き出してみよう。今までに気づけなかった、新しい自分と出会えるはずだ。

身のまわりを「大大大好き」で固めて、毎日を気持ちよく過ごそう

18

悩む暇があったら、さっさと買う・捨てる

トライ&エラーの繰り返しで、直観力を磨く

「ほしい」と思った物はさっさと手に入れてしまうに限る。必要かどうかは手にして初めてわかるし、必要がないとわかれば、すぐに売るなり手放せばいい……というのは、これまでにも述べてきた通り。

一方、「捨てる・手放す」もすばやく行いたい。迷う物は「なくても大丈夫な物」だからだ。

たとえば、現代人で「スマホを捨てようかな」と迷う人は少ないと思う。ないと生活に困るから。本当に必要な物は、「捨てよう」なんて発想にすらならない。

そして、「ほしい」「捨ててもいいいんじゃないか」と感じた直観は、ほぼあたっている。イスラエルのある大学の研究でも、**人間の直観は90％近い確率で的中**することが証明されている。「なんとなく」という直観は、脳がこれまでインプットしてきた経験や学習のデータベースから、無意識のうちに引き出された答えなのだという。

僕自身、「捨てるかどうかで迷って躊躇していたけど、捨てたら捨てたでなにも困らず、むしろ清々した」という経験が多々ある。逆に「捨てるんじゃなかった」と後悔することは、めったにない。あったとしても「やっぱり必要だったんだ」とわかり、経験値が蓄積されるだけ。後悔ではなく、成長に必要だったポジティブな失敗だ。

これは捨てるときだけでなく、買うときもそう。**「一目惚れした物を買う」**というのは、僕の購買ポリシーでもある。今となっては、一目惚れする物なんてめったにないが、それだけ貴重な物でもある。

もちろん、一目惚れして衝動買いをするのではなく、少しの時間をおいて、下調べをしたうえで購入するかどうかを判断する。でも、一目惚れした物は、どれだけ時間をおいても「やっぱりほしい」となることがほとんど。必要最小限なことだけを調べて、できるだけすぐ買うようにしている。

ただし、捨てるにしろ買うにしろ、なぜその物に惹かれたのか、「なんとなく」で済ませず、原因分析もセットにしよう。

たとえば、服1着を捨てるにも、「色が奇抜で着回しが難しかった」「セール品を妥協して買った」など、捨てる理由を考えることで、「余計な物を買わないコツ」がわかってくる。

直観の90％が的中するとはいえ、たまの10％で外すこともある。でも、仮に間違った直観で物を買ってしまったとしても、今は売ったり譲ったり、手放す方法がたくさんある。

僕もクラッチバッグ、キャリーケース、タブレットPCなど、これまでにさまざまな物を買っては手放してきたが、これらの物を入手し、そして手放した経緯は、僕のミニマリストとしての直観を磨いてくれたように思う。

「早く失敗して、損害を小さくしよう」「人はやらなかったことを、もっとも後悔する」この2つはシリコンバレーの教えだ。早く失敗を積み重ね、高速でトライ＆エラーをまわす。この繰り返しで必要な物を見抜く目、つまり直観力が磨かれていく。

捨てるかどうか迷う物は捨て、物のよし悪しを瞬時に見抜こう

19

消費する側から、生産する側にまわる

消費はドラッグと同じ「不健康な快感」

僕は、ショッピングモールの、スマホグッズ専門店でアルバイトしていたことがあるのだが、給料日後のモール内は人であふれかえっていた。

おそらく、みんななにか買いたい物があって来ていたのではない。

カップルで、あるいは家族連れで、ただ「お給料が出たから、なんとなく」モールへ来ていたのだと思う。

大して気に入っているわけでもない物を「せっかく来たから」と買い、なんとなくたどりついたフードコートで、それなりにおいしい物を食べる。

休日にショッピングモールへ行く多くの人の**目的は「消費」**だ。

仕事などのストレスを、「ちょっといい物」を買うことで発散する人も多い。ボーナス時期のファッション雑誌には、「ご褒美買い」の見出しが並ぶ。しかし、買ったそのときは瞬間的に満足するが、そこがクライマックスということも少なくない。

僕は、「消費の快感」は**中毒性の高いドラッグ**と同じだと思う。ジャンクフードやタバコのような「**不健康な快感**」だ。

これに対する「**健康的な快感**」は、サウナ、スポーツ、瞑想、恋人とのセックス。

本来、ストレスはこの「健康的な快感」で解消されるべきなのに、即効性が高く、お気軽な「不健康な快感」に頼る人が、今の日本にはあまりに多い。

「2ちゃんねる」の創始者ひろゆきさんが、「消費は飽きる。お金を使うことで幸せを感じる人は、一生幸せになれないし、奴隷的な人生から抜け出せない」という内容の発言をしていたのだが、とても共感した。

「物を買う」などの消費そのものに喜びを感じる人は、お金のために自分の時間を削って働き続けなければならない。

「給料日後のショッピングモール」をモチベーションにするのは、エサで飼い慣らされる犬と同じ。僕らはペットではなく人間だし、**お金はエサじゃなくて栄養素**だ。

では「物の消費でストレスを発散してしまう」状況から抜け出すためには、どうしたらいいのだろうか。

その答えは、「**消費する側でなく、生産する側にまわる**」ことだ。

【消費活動＝お金を払って「与えられる」側になること】

・なんとなく給料日だからと買い物をする
・見栄のために、必要のない高級品や限定品を買う
・気が乗らない飲み会に付き合いで参加する

【生産活動＝自分で生み出して「与える」側になること】

・趣味の文章や写真、動画をSNSで公開する
・本や映画の感想をブログに書く
・料理をつくって家族にふるまう

お金を払い続けて物の奴隷になるか、人生を自分でコントロールするか。
あなたの選択次第で決まる。

消費から、生産へ。
自分の幸せは、自分でつくる

第3章

体を自由にする。

20

「1日1食」で生活する

人間本来の食事スタイルで、
健康を取り戻す

僕は**1日1食**で生活している。

実は、タモリさん、ビートたけしさん、福山雅治さんなど、有名人にも1日1食を実践しているという人は多い。みんな若々しく、元気な人ばかり。

歴史をたどってみると、江戸時代までは1日2食が普通で、1日に3回も食べるようになったのは近年のことらしい。本来、人間は「**飢餓に強く、飽食に弱い**」生き物なのである。1日3食が当たり前になったことで、むしろ食べ過ぎによる肥満や糖尿病、アレルギーやアトピーといった「現代病」が急増したともいえる。

だから今、「飽食」になった現代の食スタイルを見直して、本来のヒトの正しい食生活である「1日1食」に回帰する人が増えている。

僕の1日の食生活はこんな感じ。

【朝】寝起きにコップ1杯の水。食物繊維「イヌリン」のパウダーを混ぜて。

【昼】プロテイン、豆乳などのドリンク類。外出先のカフェでコーヒーなどを飲むことも。

【夜】主食に玄米かサツマイモ、たんぱく源としてサバ缶やサーモンなどの鮮魚、アボカドなどのフルーツ、野菜たっぷりのスープなど。

毎日、ほぼこれである。始める前は「絶対お腹が空くだろうな」という心配に怯えていたけど、次第に体は慣れ、調子はすこぶる良好。

アトピー体質でいつも乾燥肌に悩まされていたのに、少しツヤとテカリが出てきて健康的な肌を取り戻した。

僕が固形物を食べるのは夕食だけ。3食だった頃は「昼から仕事がんばるぞ」と思いつつも、ランチ後は眠気に襲われていた。だけど、1食だと常に空腹なので眠くならず、集中力が途切れることもない。

たとえ空腹を感じても、「1日1回の夕食を楽しみにがんばろう」と、前向きな気分になれる。なにより、「空腹は最高のスパイス」という言葉があるように、お腹が空っぽな状態で食べる夕飯は本当においしい。

さらに、食事の準備にかけていた時間とお金が一気に3分の1になるので、**自由に**

なる時間とお金が飛躍的に増える。

特に、僕の家には冷蔵庫がないので、1日3回も買い物へ行くのは億劫だった。その手間が省けたのは大きい。食べる絶対量が減れば、その分1食にかけられる予算も増えるから、食事のクオリティも上がってますます健康になっていく。

いいことずくめの「1日1食」だけど、いきなり始めるのは難しいと感じる人もいるだろう。そんな人は、まず「1日2食」にチャレンジしてみてはどうだろうか。減らした1食分を野菜ジュースや豆乳に置き換えよう。摂取カロリーを減らしつつ、空腹感を紛らわすことができる。

長年の食生活を急に変えるのは危ないので、少しずつ変えていくのがおすすめ。「お昼の時間だから」と、お腹が空いていないのに、とりあえず食べる習慣を断ち切ろう。

3食にとらわれないと、体も心も楽になる

21

食材を定番化する

加工品を避け、
自然なままの食材を食べる

では、僕の「1日1食」生活の内訳を、さらに詳しく説明しよう。

1日1食だからこそ、栄養価が高く、おいしい物を食べたい。だから僕は、毎日といってもいいほど食卓に登場する「定番食材」を決めている。

これは、洋服の「お気に入りナンバーワンを着続ける」と同じ、ミニマリストならではの思考スタイルといえるかもしれない。


【主食】玄米、サツマイモ、野菜、アボカド

玄米は完全栄養食といわれているほど、栄養バランスがすばらしい食材だ。健康オタクの僕にとっては必須の食材で、好き過ぎるあまり、7種類の玄米を取り寄せて食べ比べをしたこともあるぐらいだ。

そして、最近ハマっているのがサツマイモ。主食になるだけのカロリー量があり、炭水化物でありながら、抗酸化物質と食物繊維が豊富。おかげでお通じもバッチリだ。ふかすだけで食べられるのも手軽でいい（ふかす際は玄米と同じく炊飯器を使用）。保存しやすいのもありがたく、気に入った品種を箱買いしている。

アボカドは「世界一栄養価の高い果物」といわれている。サーモンやマグロとも相性がよく、そのまま食べてもおいしい。常温で数日なら保存できるし、栄養バランスに無駄がない。まさにミニマリストのための食材だ。

【たんぱく質】魚

魚は、オメガ3脂肪酸、DHA、EPAなど、たいへん栄養価に優れたたんぱく源。飽和脂肪酸を取り過ぎないよう、肉ではなく魚を中心に食べている。

僕が好きなのはサーモンやマグロの刺身。

意外にあなどれないのがサバ缶だ。鮮度が高い状態ですぐに真空加工するので、スーパーで売られている魚より新鮮だという話もある。安い物で130円程度、有名な港で獲れたサバを使った物でも300~400円程度。

これで良質な栄養素がたっぷり入っているのだから、めちゃくちゃありがたい。ボディビルダーに食べている人が多いというのもうなずける。

木製のお皿にこれらを載せるだけで、まるでカフェ飯。女の子ウケも上々だ。

お昼に飲むプロテインや豆乳、野菜スープやフルーツをプラスすれば、これだけで必要十分、あるいはそれ以上の栄養価を摂取することができる。

逆に、パンや麺類など、グルテン（小麦）を使った食材はほとんど食べない。栄養価が低いというのもあるが、僕の場合、小麦を食べると如実に不調があらわれるのだ。同様の理由で、スナック菓子など加工品も食べない。

友人との付き合いや旅行先で食べることもあるけれど（自分の主義を人に押し付けてはいけない）、自分ひとりのときには手が伸びない。

月の食費は2万円程度。1日1食のわりに、意外に高いと思われるかもしれないが、健康に気遣うなら、毎日口にする食材はいい物を選びたい。

逆に、他にお金をあまり使わないので、食費にこれだけかけてもまったく問題ないのである。

ミニマリスト飯のスタメンは、栄養価の高い食材だけ

22

予防にお金をかける

必要最小限の「1日1万歩」で、
健康な体は維持できる

もともと健康オタクの気質があった僕だが、2018年の初頭にインフルエンザにかかって以降、その傾向にさらに拍車がかかっている。

だけど、激しい運動は好きではない(ジムを契約しているけれど、あくまで銭湯とサウナ代わりの利用)。

そんな僕の運動法は、**とにかく歩くこと**。

毎日意図的に、**1万歩以上(1時間〜1時間半)のウオーキングをする**ようにしている。

実は、僕の祖母は認知症を患っており、数年前は自宅で寝たきり、会話の内容も話した数秒後には忘れてしまうような状態だった。ところが、病院通いのために使っていたタクシーをやめ、徒歩で通うようになってからというもの、認知症の症状がかなり改善された。今では自宅で簡単な料理をしたり、室内を自力で移動するぐらいまでに回復している。ウオーキングは、それぐらい効果のある運動なのだ。

しかし、いくら「すごい効果がある」とわかっていても、目的もなく毎日1万歩以上を歩くのは少々しんどい。そこで僕がやっているのが、「**街を私物化する**」こと。

カフェやコワーキングスペースを仕事場に、スーパーを冷蔵庫に、ジムを銭湯に、コンビニを宅配ボックスに。外へ出かける機会を無理やりにでも生み出すのである。本来はおうちが大好きな僕だけど、毎日街へと繰り出さざるを得ない。

朝起きたら、まず目覚めの水を飲む。そして、長い距離を歩いて、仕事場のカフェへ。片道1時間なら全然徒歩圏内だ。疲れていたら、帰りは電車やバスに乗ってしまうこともある。

そして夕方、最寄駅でジムやスーパーに寄り、あとは家にこもって自由時間。これでだいたい、1日1万歩を達成できる。

江戸時代の人たちは、1日になんと3万歩も歩いており、歴史を振り返ってみても、幸福度が高い時代だったそうだ。

うつ病や糖尿病、認知症や高血圧といった現代病が年々増加しているのは運動量の減少が原因だとされているが、歩くことで、これらの病から自分の身を守ることができる。

そして思うのは、みんなもっと、**病気や不調の「予防」にお金と時間をかける**べきだということ。保険に月に何万も払うよりも、予防、つまり「今」に投資するべきだ。保険料をたくさん払っても、保険が適用されない病気になるかもしれないし、使わないまま死ぬかもしれない。

保険はいわば、ギャンブルのようなもの。営業マンにすすめられるがまま、「なんとなく不安」と高額な保険に入るのは、無思考な人が陥りがちな罠だといえる。

僕の場合はたまたま、ウオーキングという「お金のかからない」健康法だったけれど、ジムを利用して体を鍛える、健康に関する本を読んで知識を増やす、質のいいサプリメントで体調を整えるなど、「今」できることはたくさんある。

人が充実した人生を送るのには、最小限に整った衣食住、なにより健全な体と精神が欠かせない。そして、有り余るほどの好奇心だけあれば、他はなにもいらない。

「未来」のための保険ではなく、「今」にお金と時間を使う

23

食欲をコントロールする

食欲を抑えるのは、
「我慢」ではなく「腸」

人からよく「**どうやったら食欲を抑えられますか？**」と聞かれる。僕は1日1食の生活をしているので、超絶な精神力や忍耐力を持っているように見えるらしい。

いやいや、僕はおいしい物も食べたいし、女の子とも遊びたいし、けっして悟りを開いた修行僧ではない。

食欲を抑えるには、食欲は「我慢」するものではないと知ることが重要である。食べたい気持ちを我慢して、1日や2日、あるいは数週間ダイエットに励んだとしても、その先に待ち構えているのは「リバウンド」という現実。これは「ダイエットあるある」といってもいいほどの、ありふれた結末である。

「空腹を我慢しろ」だとか、根性論を話すつもりはない。

減食の鍵となるのは「腸」。

医学の父といわれているヒポクラテスが、紀元前に「すべての病気は腸から始まる」と言ったといわれている。

さらに最近は腸の研究が驚くほど進んでいて、肌荒れはもちろん、やる気が出ないのも、夜に眠れないのも、アレルギーも、誘惑に負ける弱さも、食欲が止まらないのも、すべては腸のせいだということが科学的にもわかっている。

食欲をコントロールできないのは、腸が荒れ、脳の食欲中枢が暴走しているせいなのだ。つまり、食べ物が悪いために食欲も抑えられないし、食事を制限しようにも、意志の力が弱っているからあてにならない。

もし、本当に食欲を抑えたいなら、まずは食べ物を変えること。そうすることで、回数や量などの食べ方も変わり、あなたの食欲は落ちついていくだろう。


僕が1日1食生活を続けていられるのも、その1食の内容をしっかり吟味しているからだ。もし、その1食にカップ麺や菓子パンを食べていたとしたら、食欲は抑えられず、長続きしなかったことだろう。それだけ食べ物の力は大きいのである。

健康オタクの僕は今、腸についての本を読み漁っているが、もし1冊おすすめするとしたら『「腸の力」であなたは変わる』（デイビッド・パールマター、クリスティン・ロバーグ著）を挙げたい。

「腸が第一」で、食物繊維の多い野菜やフルーツ中心の食生活に切り替えてから、お通じがバッチリなのは先にも書いた通りだけど、腸と肌は直結しているといっていいほど密接な関係があるため、僕の肌荒れも解消された。また、僕自身も常用しているが、腸内細菌のサプリや食物繊維のパウダーを飲み物に混ぜるなどもおすすめだ。

人生の成功の秘訣として、「環境を変えろ」とか「付き合う人間を変えろ」という話をよく聞く。この本でも「物を減らしたいなら、狭い家に引っ越せ」とお伝えした。でも、どんな成功ノウハウよりも、いちばん大事なのは「**食べ物を変えること**」ではないかと思う。どんな状況でも、その**判断を下すのは人間の脳であり、体**である。適切な判断のためには健全な体が必要で、その体は、普段口にする食べ物で構成されているのだから。

ミニマリストには、いる物といらない物を瞬時に見極める力が必要とされる。その判断を誤らないためにも、まずは食べ物を選ぶところから始めたい。

人生は食べ物で決まる。
適切な判断をしたいなら、腸を整えよう

24

中毒性のある食べ物を避ける

重度のコーヒー中毒者が、
カフェイン断ちをしてみたら

僕は以前、重度のコーヒー中毒だった。

フリーターの頃は、シフトに入る前に1杯、休憩中にまた1杯……と、1日の仕事をどうにか乗り越えようと、精神安定剤としてカフェインを摂取していた。

カフェインの最大の効果は、覚醒作用で頭がすっきりし、眠気の解消になること。一方、悪影響としては、依存性が強く中毒になりやすい、覚醒作用により睡眠の質を下げる、利尿作用がありトイレの頻度が増える、などが挙げられる。

最近の研究結果では「疲労感を改善してくれる」「摂取後24時間以内は記憶力が上がる」など健康効果も認められており、一概に悪いともいえない、一長一短がある成分だ。1日に300mg以下の摂取であれば問題ないとされているが、カフェインへの耐性も遺伝の要素が強く、自身の適正量を把握しづらい。僕は明らかに、自分の許容量を超えてガブ飲みしていた。

そんな僕だったが、次第に、カフェインの覚醒作用による気分の浮き沈みに惑わされるのをわずらわしく感じるようになり、**カフェイン断ち**を決意。飲み物を通常のコーヒーからデカフェコーヒーに切り替え、カフェイン摂取を避けるようになった。

デカフェコーヒーとは、90%以上のカフェインが除去されたコーヒーのこと。カフェインの覚醒作用を排除し、コーヒーの抗酸化物質だけをいいとこ取りできる優れものだ。妊婦や授乳中の人が飲んでいるイメージがあるけれど、僕は、それ以外の人もぜひ取り入れるべきだと思っている。

とはいえ、世の中はまだまだ「カフェイン派閥」のほうが圧倒的に多いので、カフェインレス生活を送るにはある程度の工夫が必要だ。

僕は家でデカフェを自作するか、デカフェを取り扱うカフェを把握して通ったりしている。ちなみに、チェーン店ではスターバックスコーヒー、タリーズコーヒー、上島珈琲店、星乃珈琲店などがデカフェを提供している。

デカフェのない店に立ち寄ったときには、お茶のメニューに注目。烏龍茶や緑茶にも微量のカフェインが含まれているので、できれば**ルイボスティー**や**黒豆茶**など、ノンカフェインの飲料を見つけて飲むように心がけている。

すでに1年以上にわたってカフェインレス生活を続けているが、まず、**気分の浮き**

沈みがなくなった。また、**夜に目が覚めて眠れない**という悩みもなくなり、朝の目覚めの1杯も不要に。**頭痛**になる頻度や、**トイレの回数**も明らかに減った。

僕はカフェインに限らず、砂糖、アルコール、タバコ、グルテン（小麦）など、依存性が強く中毒になりやすい物は避け、家からも完全撤廃している。脂肪分や添加物の多い加工食品も摂らない。

コーヒーをデカフェに変えたように、調整豆乳を無調整豆乳に、サバの味噌煮を水煮にするなど、ちょっとした工夫と積み重ねが道をわける。

「○○がないと落ちつかない、イライラする」なんていう中毒状態になるのは、本来の姿とは違う自分になっているようで気持ちが悪い。

常に自分らしくいたいなら、まずは中毒から抜け出そう。

気分を左右するような物は避け、「依存」から自分を取り戻す

25

食で「最高の贅沢」を味わう

手間暇をかけて、
自分に合った料理をつくる

僕には、「キャリーケースひとつで移動しながら暮らす」を実践していた時期がある。そんな移動生活と同時にチャレンジしていたのが、「食の外注化」だ。

「調理器具を持たない生活」を実践するために、７００円以上のランチがすべて５００円になる「ランチパスポート」を使って毎日外食をしていた。

外食すれば、調理器具を揃える必要もないうえ、料理の手間も省ける。光熱費も浮く。けれど、外食オンリーの生活を続けていく中で僕がたどりついたのは、「**自炊は最高の贅沢**」という結論だった。

自分の時間と手間暇をかけて、自分で選んだ食材と調味料で、自分に合った食事をつくること。はっきりいって、これ以上の贅沢はない。

外食してお金さえ払えば、便利に楽に、おいしいごはんを食べることができる。だけど、自分でつくろうと思ったら、まず料理のスキルを身につけなくてはいけないし、具材や調理器具も準備しなくてはならない。それだけ、料理は贅沢な行為なのだ。

それに、コスト面で見ても、よほど豪華な食事をしない限り、外食はとても安上がり。街へ出れば、１００円のハンバーガー、３８０円の牛丼が食べられるご時世だ。時代が進むにつれて外食のコストはどんどん下がっている。

これは食事以外にもあてはまる。ユニクロの登場で上質な服が安く手に入るようになったし、シェアハウスの登場で家賃が安くなった。

これからも「衣食住」の金銭的コストは下がり続けていくだろう。だけど、つくって食べるのに**「自分の時間と、エネルギーを費やす」**という点は変わらない。だからこそ相対的に、自炊はどんどん贅沢になっていくのである。

僕には、**「無駄を減らして生まれた自由な時間」**がせっかくあるのだから、その時間を自炊という贅沢に使っている。それに本来、料理にせよなんにせよ「つくる」という行為は楽しい。

調理器具も揃えた。玄米を炊いたり、サツマイモをふかしたりするのは、ひとり暮らし向けの1・5合炊き炊飯器「ライスクッカーミニ」。

ＩＨ調理器と鍋、小ぶりのフルーツナイフとまな板。鍋はジオ・プロダクトの物で、機能的でありながらシンプルな見た目がお気に入りだ。

素材の味をいかし、そのまま食べるのが好きなので、調味料は塩やココナッツオイルなど最小限しか揃えていない。

いまや僕は、鶏ガラを6時間煮込んで自家製野菜スープをつくるほど。野菜をコトコト煮込む音を聞きながら「ああ、贅沢だなぁ」と感じる時間が、とても愛おしい。

とはいえ、友達や大切な人と過ごすときは、「**チートデー**（ズルしていい日）」とし、自炊や1日1食にこだわらず、好きな物を食べるようにしている。もつ鍋もラーメンもOK。そして、たまにしか食べないからこそ、それらはよりいっそうおいしく感じられる。

自炊生活を送ることで、**外食のよさが「強調」**されるのだ。これもまた、ミニマリストだからこそ味わえる最高の贅沢だと思う。

自炊で体調が整い、外食もより楽しめるようになる

26

「健康」がなによりの資産だと知る

即効性がないからこそ、
日頃から対策を

床で寝ていると豪語した僕だが、実はこのたびマットレスを買った。
残念ながら、彼女ができたからではない。

きっかけは、インフルエンザで2週間近く寝込んだこと。僕は高熱と関節の痛みにうなされ、2週間もの時間を無駄にしてしまった（人の多い東京へ出張へ行ったこと、スケジュール詰め詰めで無理に仕事をこなしていたのが原因）。

今までずっと「時間こそがもっとも貴重な資本」だと思っていた。健康は時間を確保するための要素のひとつでしかない、健康のために生きるのは本末転倒であると。

しかし、インフルから復帰した僕は確信した。**もっとも貴重な資源は健康だ。**どんなに膨大な時間を確保しても、健康な体なしに時間をいかすことはできない。健康な体を維持することが、時間を確保する手段としてはもっとも有効なのだ。

僕はこれまで、洗濯乾燥機やお掃除ロボットなど、「時短」につながる物は躊躇なく増やしてきた。これらの物は、即効性があるからわかりやすい。洗濯物を乾燥機にかけたり、ロボットに掃除を任せたりした瞬間に、目先の何分かが浮く。

ところが、健康は目に見えにくい。一時的に暴飲暴食をしたとしても、支障が出るのは何カ月、あるいは何年も先。菌をもらっても、インフルを発症するのは数日後。目に見えにくく即効性がないからこそ、日頃から対策を重ねておく必要があるのだ。

今回、体温計を増やしたのもそれが理由だ。持っていれば、定期的に体温を計測することで、体調の異変に早めに気づけたかもしれない。

そして、マットレスの上で、羽毛布団にくるまって寝るのは、やはり心地がいい（これも、一度布団を手放したからこそわかった幸せだ）。あまりに心地いいので、布団から起き上がれない日もあるぐらいだ。

だから今は、**「床で寝る日」**と**「マットレスで寝る日」**を使いわけている。

次の日、朝早くから予定がある場合は床。疲れていたり、自分を少し甘えさせてあげようというときはマットレスで寝る。

他にも、今回のインフル罹患中には加湿器も購入。インフルから回復した今は、アロマディフューザーとして、睡眠の質向上にも貢献してくれている。

そして、僕の家の洗面台には**口腔洗浄器**がある。「**日本人の8割が歯周病**」というおそろしいデータを見てすぐさま購入した。

将来、歯医者に行く手間も費用も省けるなら安い買い物だ。

寝る前に使うと、口の中が驚くほどすっきりして、いまやこれなしで眠りに就くことは考えられない。

自分の持ち物を見返しても、**「健康」にまつわる物**が、多くを占めている。

「健康意識が芽生えるのは手遅れになってから」と堀江貴文さんが言っていたが、本当にそう思う。健康のためだけに生きるのは本末転倒だが、幸福な人生を送るのに健康は最低条件だ。

「健康を犠牲にして時間を確保する」のは近道のようで遠まわりだ。健康に関しては、効率度外視でいこう。

健康を優先することは、時間を守ることと同義

第4章

時間を自由にする。

27

自分の時間を幸せにしてくれるものを選ぶ

楽なほうに流されず、必要なものを見極めるテレビを見ている時間のうち、本当に楽しいと感じるのは総視聴時間の13％に過ぎない……これは心理学者ミハイ・チクセントミハイ氏の研究結果だ。1時間見たとしたら、楽しいのはたったの8分だけ。

一方、趣味に没頭しているときは34％、スポーツをしているときは44％。それなのに、多くの人は、他の娯楽よりもテレビを見るのに4倍もの時間をかけている。

テレビは「受動的な楽しみ」だ。リモコンを手に取ってONを押すだけで成立するので、娯楽としてのハードルがとても低い。その結果、「暇だから見てみたけど、おもしろくなかったな」という感想を抱く羽目になる。

しかし、趣味やスポーツといった「**自分で生産する楽しみ**」は、自分で段取りをつけたり、費用をかけて下準備をしたりする必要があり、娯楽としてのハードルが高い。人が前者に流れがちなのは、ある意味で仕方のないことだろう。

人は楽なものに流れがちだ。意識しないでいると、人は自分を本当に幸せにしてくれるものではなく、楽なものを選んでしまう。

「消費する側から、生産する側にまわる」の項で書いた「休日はショッピングモールに通う」人たちも、「受動的な楽しみ」を享受している。しかし、ささいなことがきっかけで「自分で生産する楽しみ」を見つけるケースもある。

それは、僕が「**出張ミニマリスト**」（SNSでお問い合わせいただいた方のお宅へ出向いて行う片付けサービス）でお邪魔した元モデルのKさん。リビング、寝室、キッチンの3カ所に焦点を絞り、3カ月かけて物を減らすお手伝いをさせていただいた。

その結果、Kさんの生活には変化が生まれた。

それまでは、思いつきでショッピングモールへ買い物に行き、「消費」でストレスを発散することが多かったそうだが、あるときたまたま買った折り紙に、お子さんがどハマり。

それ以降は、むやみやたらと買い物に出かけることはせず、家で折り紙やお絵描きをして過ごすようになったという。

折り紙という「生産」の楽しさに気づけたことで、お金を浪費することもなく、家族で充実した時間を過ごせるようになったのだ。まさに、出張ミニマリスト冥利に尽きる出来事だった。

ほとんどの人は「消費の楽しみ」を好み、「生産の楽しみ」を感じられる人は少数派だ。街を見渡せば、おしゃれな飲食店、物欲をかきたてる雑貨屋さんが目白押しだ。しかし、それらすべては「あなたを楽しませるために、他でもない誰かがつくったもの」だ。

しかし、「生産」が習慣になると、これまで「消費」だったものが**「生産のための消費」**に生まれ変わる。

僕自身、ミニマリストになり、ブログを書き始めたことで、いろいろな商品やサービスを「もっとこうしたらいいのに」「すごくいいな、僕も真似しよう」と、消費者でありながら、生産者の目線で物を考えられるようになったのだ。

これが今、事業主として活動するにあたって、役に立っている。

時間を「消費」に奪われない。
生産こそが、消費への盾

28

荷物はコンビニでしか受け取らない

24時間いつでも、サインレスで受け取りＯＫ

アマゾンで注文した商品を、初めて**「コンビニ受け取り」**にした日の衝撃を僕は忘れない。あまりに便利過ぎる。コンビニが宅配ボックス代わりになるのだから。なぜ今まで使わなかったのだろうと、過去の自分を責めてしまった。

まず、なにより便利なのが、**24時間いつでも受け取れる**こと。通常の配送では、自分自身が在宅して受け取るか、不在時に伝票がポストに入っているだけ。不在の場合は、電話やWebで再配達をお願いするわけだけど、だいたい、最終の受付が19時、配達が21時。帰宅が遅いときは、翌日まで配達を待つ必要がある。なにより、「一定の時間、家に拘束される」のはとてもストレスだ。

商品が指定のコンビニに届くと、アマゾンから直接、配達完了メールが届く。その後はいつでも受け取ることができるので、帰宅途中に立ち寄ることもできるし、深夜でも受け取り可能だ。

そして受け取りは、配達完了メールに記載されている「商品受け取り用バーコード」をレジで読み取ってもらうだけで完了。このバーコードが身分確認の証明を兼ねているので、**受け取り時のサインや印鑑は不要。**

さらに、盗難や配達ミスのリスクを最小限に抑えることが可能だ。

僕はこれまで、商品そのものが届かなかったり、指定した配送日から何日か遅れて届くということを何度か経験した。

そのたびに、「もしかすると配達員がポストを間違った？　商品を誰かに盗られた？　配達員が車の中で爆睡しているのか？」などと想像を巡らせていたが、配達のトラブルはいろいろあり、こればっかりは運としかいいようがない部分もある。

コンビニ受け取りなら、少なくともポストの間違えや盗難といった不慮の事故を防ぐことができる。

そして、配達完了メールの存在は、「なぜ届かないのか？」とあれこれ想像する無駄な時間と、思考のノイズを消し去ってくれる。

一応デメリットを挙げるとすれば、コンビニ受取の場合、日付指定はできても、時間指定はできないので「一刻も早くほしい!」という商品には不向きだ。急ぎの商品には「お急ぎ便」を使うなど、用途に合わせて受け取り方法を変えるのがいいだろう。

最近は注文当日でも受け取れるというから、まったく便利な世の中だ。僕の場合、そこまで急ぐ品物はほとんどないので、コンビニ受け取りで十分。

また、コンビニに立ち寄る以上、「ついで買い」の誘惑にも打ち勝つ必要がある。ビールを1本+ちょっとしたおつまみ、あるいは甘い物を少々……とやっていたら、デブまっしぐら。うまく自分を律することができる人でないと向いてない。

ちなみに、現在はどの配送業者もドライバーが不足していて、アマゾンの荷物もギリギリの状態で運ばれているという。

あなたがコンビニ受け取りにすれば、荷物ひとつ分の労力を減らすことができる。利用者に便利なうえ、社会貢献にもなる。

コンビニを「宅配ボックス」にすれば、荷物に縛られることはない

29

時間を生み出すツールに投資する

嫌いな家事をなくし、
空いた時間を好きなことにあてる

僕がミニマリストになった理由のひとつが、**「掃除をしないで済むようになりたい」**である。

実際、物を減らしたら、部屋が散らかることはなくなった。

でも、生活をしていれば当然、フローリングの床にゴミやホコリが溜まってしまう。

だから、今までは普通の掃除機で床掃除をしていた。

僕は正直、掃除がそんなに好きじゃない。面倒な掃除より、寝るなり本を読むなり、好きなことややりたいことに時間を使いたいのに……掃除より楽しいことはいくらでもある。

そんなワガママな願いを叶えてくれたのが、自動お掃除ロボット**「ルンバ」**だ。

ルンバは、ミニマリストの部屋と相性が抜群だ。

本来、ルンバを使用する際は、床に置いてある物を片付ける必要があるのだが、もともと物がない僕の部屋だとその手間すら必要ない。

僕の部屋でいきいきと躍動するルンバの姿を見ると、「まさにミニマリストのための家電ではないか」と思えてくるくらいだ。

ルンバは、僕が買ったエントリーモデルでも3万円台後半、上位のモデルには10万円を超える物もある高額家電だ。実際、買うときにはかなりの勇気がいった。だけど、思い切って買ってみて本当によかった。

掃除が不要になって空いた時間は、自分の好きなことに使うことができる。長い目で見れば、4万円以上の時間を回収できるのは確かだ。

ちなみに現在は、ルンバから床拭きロボット「**ブラーバ**」に乗り換えている。こちらはルンバよりもコンパクトで、部屋の中にあっても圧迫感はいっさいなし。駆動音は静か、お手入れしやすいのも面倒くさがりの僕にはありがたい。毎日床をピカピカに磨き上げてくれる姿に、僕は愛おしさすら感じている。

お掃除ロボットの他にも、日常の家事を自動化してくれる物はたくさんある。洗濯物を干すのが嫌いな人は洗濯乾燥機、皿洗いが嫌いな人は食洗機、お米を研ぐのが嫌いな人は無洗米。

アイロンがけが苦手な人はクリーニングに出せばいいし、家事や掃除を代わりにやってくれる代行サービスも人気だ。

もちろん、家事や掃除が得意な人が無理に利用する必要はない。

だけど、「掃除も家事も苦手だし、なるべくやりたくない」「目標達成のために、好きなことややるべきことに没頭したい」と考える人は、これらの物やサービスにお金を惜しみなく使おう。

「したくないこと」を続ける生活は、想像以上の苦痛を伴う。

そこから解き放たれることは、払った金額以上のものをあなたにもたらすことだろう。

「したくないこと」はやめて、自分にしかできないことに専念しよう

30

「物の消費＝時間の消費」であると知る

「物に時間を奪われ続ける人生」からの脱却

「世界一貧しい大統領」として一躍有名になった、ウルグアイのムヒカ元大統領。大統領時代は月収1万ドル（約100万円）もらっていたにもかかわらず、一般国民と同じ生活水準でいられるよう、毎月1000ドル（約10万円）で生活していたという。

彼は言う。

「私はシンプルなんだよ。無駄遣いしたり、いろんな物を買い込むのが好きじゃないんだ。そのほうが時間が残ると思うから。もっと自由だからだよ。（中略）根本的な問題は君がなにかを買うとき、お金で買っているわけではないということさ。そのお金を得るために使った『時間』で買っているんだよ。請求書やクレジットカードローンなどを支払うために働く必要があるのなら、それは自由ではないんだ」

ムヒカ氏が提言しているのは、物を買うときに支払っているのはお金ではなく「時間」という認識だ。

多くの人は、物を買うとき「これは○○円で安いから買える、高いから買えない」という程度の認識しかしていない。

しかし、ムヒカ氏の言う「物の消費＝時間の消費」という認識なら、「これは〇〇円だから、買ったらどれだけの時間を売ることになるんだろう。これは本当に自分の時間を切り売りしてでもほしいと思える物なのか？」と考えられるようになる。

僕の家には洗濯乾燥機がある。14万円で買った。

このことをＳＮＳに書いたら、「ずいぶん裕福な生活をしているんですね！」という皮肉を言われてしまった。

確かに僕の家賃７カ月分もする洗濯機は高いけど、僕はこれを「贅沢」とは微塵も思わない。僕は洗濯機という「物」を買ったのではなく、「自由な時間」を買ったと思っているからだ。

洗濯機を買うことで、「洗濯」と「干す」時間はほぼ０になり、僕はその浮いた時間でより多くの趣味や仕事をこなしている。さらにいうなら、コインランドリー代もかからなくなるので、長い目で見れば元も取れるのだ。

僕に皮肉を言ってきた人は「時間よりお金」な考え方だから、14万円の洗濯機が高級品に見えてしまったのだろう。

最近、飲食店に行列ができているのをたまに見かける。なにかと思えば、「特定の携帯キャリアのユーザーなら無料」というキャンペーンだという。

しかし、たかだかドーナツ、牛丼。自分で買っても数百円だ。1〜2時間も並んでまで食べる価値があるだろうか。

「無料なんだからもらっておかないと損」というモッタイナイ精神から、時間という大切な資産を消費してしまっている。

どんな大金持ちでも貧乏人でも、**時間という資源は誰にとっても平等**だ。そして、お金で失った時間を買い戻すことはできない。

「物は〝とき〟なり」という認識を持ち、「無料」「高級」に惑わされない

第5章

思考を自由にする。

31

本当に大切な1%のために、
99%をそぎ落とす

必要なものは、そう多くない。
人生にとって必要なもの以外は排除する

「もしや、ミニマリスト?」

将棋を題材とした漫画『3月のライオン』の第1巻で、主人公の桐山零が住んでいるマンションの部屋を見た僕は、思わずそうつぶやいてしまった。

彼の部屋には、布団と将棋盤しか置いていないのだ。

そう、なにもない僕の部屋とそっくりだった。

主人公の桐山零は、中学生でプロ棋士になった神童。

収入源は対局料で、17歳にして年収700万円を超えている。彼は対局で勝ち進むために、来る日も来る日も盤面の研究に没頭。

打って打って打ちまくる、起きたらまた打ち始める、の繰り返しだ。

ベランダから川が見えるカーテンのないワンルームで、主人公は時間を短縮するために、お湯を注ぐだけで調理が終わるカップ麺ばかり食べる。

僕は食べないけれど、「時短」という目的があり、本人が好きで食べているならそれでいいと思う。

繰り返すが、彼に必要なのは布団と将棋盤だけ。物が増えれば増えるだけ余計なノイズが増え、思考や判断を鈍らせてしまう。

だから、極限まで減らした殺風景な部屋こそが、主人公にとっていちばん将棋に集中できる環境なのである。

将棋に限らず、ひたすら没頭したいなにかがある人は、**物を減らすことでパフォーマンスが上がる**はずだ。

本当に必要な物以外はなにも置かずに誘惑をなくせば、シンプルに本質とだけ向き合える。

「いやいや、漫画の話でしょ?」と思われる方には、こんなエピソードを紹介したい。

俳優の高橋英樹さんは、70歳を過ぎてから33トンもの物を捨てたそうだ。

理由は、「床一面を使って書道をするため」。

これぞミニマリズム。

目的のために過去の執着を手放す姿勢はとてもかっこいい。

「自分の思い出の品を捨てたところで、子どもにはなんの害もない」というセリフもすごく印象に残っている。

なにより、年齢を重ねても、変化し続けるストイックな姿勢が、日本を代表する一流俳優たる所以だろう。


ミニマリズムの目的は「**物を減らすことで迷いをなくし、大切なものに集中する**」こと。

それが、桐山零の場合は将棋であり、高橋英樹さんは書道、僕はブログの執筆をはじめとした「ミニマリズムのよさを伝え広める」こと。


どんな分野でも、一点突破で結果を出し続ける人は強い。

ミニマルな空間が「没頭」を生み出し、一点突破で結果を出せる

32

「お金・時間・空間・管理・執着」の雑念をなくす

不要な雑念を頭から追い出すことが
「手ぶら」への道

僕がこの本で、一貫してお伝えしている「手ぶらで生きる」魅力。しかし、そもそも「手ぶら」とは、ひとことでいうと、どんな状態なのだろうか？

その答えは「**雑念がない状態**」だ。

僕がなくすべきだと思う雑念は **「お金」「時間」「空間」「管理」「執着」** の5つ。

①お金…維持費が高い物、必要のないブランド品など「お金の不安を感じる物」
②時間…コーディネートを悩ませる必要以上の服など「時間泥棒になる物」
③空間…必要以上に広い家、余分なストックなど「スペースを奪う物」
④管理…財布や身分証など、紛失すると困る「管理能力が強要される物」
⑤執着…いらないプレゼント、過去の栄光など「未来への足かせとなる物」

これら5つの雑念をできるだけ、頭の中で考えないで済む状態が「手ぶら」ということである。

たとえば、僕が以前持っていたルンバには、タイマー機能が搭載されていた。時刻をセットしておくと、その時間になるとルンバが勝手に掃除をしてくれるのだ。
　このタイマー機能のおかげで、僕は毎日「そろそろ掃除しなくちゃ」とか、「あー、掃除するの忘れていた」と考えることがなくなった。つまり、**掃除という雑念が頭の中からなくなった**のである。

　ある女性ミニマリストは、こんなことを言っていた。前髪のないボブで**髪型を定番化している**、と。前髪をいつも適切な長さにキープする労力や、「次はどんな髪型にしよう」とあれこれ悩む時間から解放される。

　また、僕は**運転免許を取らない**。理由は、人の命を奪いたくないからだ。免許がなければ、運転する状況をつくらないで済むし、事故に巻き込まれて時間やお金を失う心配もない。
　この話をすると「身分証とかどうしてるの？」とよく聞かれるけど、写真付き住基カードやマイナンバーカード、保険証なり、代わりはいくらでもあるので不便を感じたことはない。

むしろ、自分で車を持っていないのに、ペーパーで持つほうがよっぽど無駄だ。免許の更新にも時間とお金が取られる。

本来「〜に備えて持っておく」ではなく、「〜が必要になったから持つ」が正しい順番で、多くの人は順が逆だ。

たとえばもし、僕が地方で田舎暮らしを始めたりして車が必要な状況になったら、そのときに免許を取ったらいいだけの話。

不要な物まで「失いたくない」とばかりに握りしめていると、本来、**不安に思う必要がないことにまで思いを馳せる羽目**になる。

雑念を捨てて「手ぶら」になってみよう。

今まで不安を取り除くために使っていたエネルギーを、自分がやりたいことに集中させることができるだろう。

「余計な雑念がない状態」こそ、ミニマリストが目指すべき境地

33

「一点豪華主義」と「コンフォート原則」を守る

シンプルで満足度の高いお金の使い方

ミニマリストになってから「しぶくんって、いい物を持ってるよね。たくさん使えるお金があってうらやましい」と言われるようになった。

当時はフリーターで、10数万円の少ない収入しかなかったにもかかわらずだ。

お金があるように勘違いされた理由はシンプルだ。「**持ち物を少なく絞っているから、一つひとつにお金を多くまわせる**」だけのことである。

一方、貧乏人の部屋には物が多い。ドラマの美術さんは、貧乏人の部屋には物を増やし、壁に隙間なくちぐはぐなタンスを並べたりして「貧困」を表現するそうだ。

逆に、豪邸のセットでは物を減らし、なにも置いていない面を増やして「余裕」を表現するのだそう。

物を買う↓お金が減る↓お金のために時間を切り売りする↓物が増えたあげくに整理整頓・物の入れ替え・探し物など手間が増える↓片付けに費やす時間も、精神的な余裕もなくなる↓部屋が物だらけになる↓ストレスを発散するために物を買う↓（無限ループ）――これが、「貧乏人の部屋に物が多い」カラクリだ。

結果的に「お金が減り続け、物が増え続ける」というループから抜け出せなくなってしまうのである。

事実、僕の実家も、自己破産でお金に困っていた時期が、いちばん物にあふれていた。

ただし、「物が少ないだけ」では裕福に見られないだろう。結局のところ、大切なのは「どこをケチって、どこにお金をつぎ込むか」というお金の使い方だ。

僕の基本方針は「**1点豪華主義（All-or-Nothing）**」。

必要な物には惜しみなくお金を使う、必要じゃない物にはいっさいお金を出さない。外食なら、「毎週ファミレス」よりは、「日頃は質素に自炊して、月に一度叙々苑に行く」、そんなお金の使い方がいい。中途半端がいちばんもったいない。

この考え方で「量より質」へシフトができ、「持ち物を少なく絞って、一つひとつにお金をまわせる」ようになる。

そして、どんな物にお金をまわすのかというと、シンプルに「**毎日・長時間使う物**」でいい。

科学的にも**「毎日長時間使う物にお金を多く使ったほうが幸福度が高い（＝コンフォート原則）」**ことが立証されている。僕なら、スマホ（8時間）やお掃除ロボット（30分）などに多くお金を使うことが、満足度の向上につながっている。

あとは「これだけはお金を惜しまない」という物を自分で決めておくこと。

僕ならスマホやパソコンなどのガジェット類、仕事の効率に直結する仕事道具、サプリやジムの会費などの健康ケア関連、時短につながる生活家電、知識や情報を得るための本――がこれにあたる。

結局、自分にとって「満足なお金の使い方」ができていると、余裕に満ちたオーラが自然とあふれ出し、結果として「金持ち」らしい風格になっていく。

僕自身、お金持ちに見られたいわけではないけれど、「貧相」に見られるよりは、単純にうれしい。

「より少なく」を心がけると、自然と「選択と集中」が上手になる

34

3択に絞る

選択肢を減らして
「不幸の迷宮」から抜け出そう

「選択肢は多いほうがいい」というのが、世の常識だ。選択肢が多ければ多いほど、自分の可能性が広がり、人は幸せになれる――と。

しかし、心理学者のバリー・シュワルツ氏は「**選択肢は多ければ多いほど、人は不幸になってしまう**」とし、世の定説に異議を唱えている。彼の提唱する「選択のパラドックス」によると、選択肢が多いことでのデメリットは次の通り。

・無力感が生まれる

24種類のジャムを売り場に並べたときより、6種類のジャムを並べたときのほうが売り上げが10倍も伸びた。これは「ジャムの法則」という実験結果だ。選択肢が多いと、人は決断疲れに陥ってしまい、買うこと自体をあきらめる。

・満足度が下がる

買い物をしたあとに「あっちのほうがよかったんじゃ……」と思った経験はないだろうか。選択肢が多過ぎると、自分の決断に対して疑念と後悔が生まれ、満足度が下がる。余計な物は、見ないに越したことはない。

・期待値が増え過ぎる

選択肢が多いということは「比較する対象が多い」ということ。

たとえば、僕が旅先で立ち寄った高知のコンビニには、大量の発泡酒が置いてあった（高知は発泡酒のひとりあたりの消費量が日本一）。「これだけ選択肢があるのだから、とびっきりおいしい発泡酒があるに違いない」と思ってしまう。

豊富な品揃えを見ることで期待値が高くなり過ぎるため、たとえおいしい発泡酒を飲んだとしても、思うような満足感は得られない。

この「選択のパラドックス」から抜け出すための方法はズバリ「**選択肢を3つに絞る**」こと。選択肢を3つ用意した場合、真ん中がもっとも選ばれやすくなるという「松竹梅理論」を、あなたも一度は耳にしたことがあるのではないだろうか。

逆に、選択肢を4つ以上にすると迷いが生じやすくなり、いつもと同じような行動をしてしまい、最悪の場合は選択そのものをあきらめてしまう。どうせ減らすなら3つまで減らさないと、意味がない。

例を挙げよう。僕は先日、この本の編集スタッフと、打ち合わせのあとにもつ鍋を食べに行ったのだが、そのお店のメニューは、もつ鍋の味噌味・しょうゆ味・すき焼き味に、サイドメニューが数品のみ。

一見「(メニューが少ないな……)」と思ったのだが、その結果、僕たちはもつ鍋と心ゆくまで向き合った。最初に頼んだ味噌味にもつや野菜を追加し、すき焼き味も頼んでしまった。お店側が選択肢を絞ってくれていることで、お客は大きな満足感を得られるのである。

この「選択肢を3つに絞る」を日常生活で取り入れるなら、「服や雑貨などを購入するときの色を、あらかじめ3色に限定しておく」「休日は、読書・片付け・ジムに絞る」などはどうだろう。

選択肢が減れば、迷わないで済む。僕は「毎日同じコーディネート」のような「1択」まで減らしているが、まずは第1ステップとして「3択」を目指そう。

なるべく選択をしないで済ませるのが、幸せへの近道

35

足るを知らなきゃ富めない

「最大化人間」より
「満足化人間」になる

物を絞って、「量より質」を重視するほど「少ない持ち物のひとつになるのだから、その分上質な物を揃えないと……」そんなジレンマに陥りがちだ。「もっといい物を」と比較すればするほど、他にもいい物があるのではないかと思ってしまう。まさしく、前の項でも紹介した「選択のパラドックス」だ。

そこで参考になるのが、「**最大化／満足化**」という考え方。こちらも「選択のパラドックス」と同じく、バリー・シュワルツ氏の研究結果によるものだ。

「最大化」とはすべての選択肢を探り、品定めし、最高のものを得ようとすること。一方「満足化」は、自分が必要とするものを考え、**そのニーズを満たすと思った最初のものを選択する**こと——。

「満足化」は、「これで十分」なものを得て満足する生き方のことだ。「これで十分」は、だいたいの場合「十分に満足」である。なので「**いちばん最初にいいと思った物を選ぶ**」がポイントだといえるだろう。すばやく選ぶことで、迷ったり悩んだりする時間や労力を省くことができる。

たとえば、僕は2回引っ越しを経験しているが、両方の物件ともひとつしか内見せずに契約を決めた。しかし、2つの物件ともに大満足している。

一方、たとえば「最大化人間」の学生が就職する際には、「もっといい仕事があるのではないか」と果てしなく探し続け、転職しても「こんなはずじゃなかった」と思ったり、同じ場所で働き続けるとしても「もっといい選択があったのかもしれない」と後悔したりして、仕事への満足感は低いものになってしまう。本当は「給料をそれなりにもらえて、上司や同僚にも恵まれている」なら、それで十分なのに。

古くは、老子も「足るを知る」と言っている。正確には「知足者富（足るを知る者は富む）」である。が、僕からいわせると**「足るを知らなきゃ富めない」**だ。

世界第4位の資産家、ウォーレン・バフェットが質素な家に60年間も住み続けているのは有名な話。

「私は必要なものをすべて持っている。これ以上はいらない。一定のレベルに達したら、それ以上の違いはない」。有り余るお金を持つ彼でさえ、そうなのだ。

もっと広い家に住みたい、もっといい車に乗りたい、もっと稼ぐ夫・もっと美人な妻がよかった、子どもをもっといい学校に入れたい……住む家があって、お金を稼ぐ手段も確保し、家族もいて十分幸せなはずなのに、他人と比較し「最大化」が行き過ぎた結果、自ら不幸になっている。こんな人はけっこう多いと思う。

もうひとつ、僕が「満足化」と聞いて思い出すのが無印良品だ。

無印良品の商品は、他社の高級ブランドと比較すれば、値段も品質も超一級とはいえない。だけど、ポジティブな「これでいい」というデザインや品質が、多くの人に受け入れられている。ユニクロもあてはまるだろう。

無印の小物やユニクロの服は、十分にして最高だ。

「これで十分」はけっして妥協ではなく、**自分の人生をコントロールするために必要な物差し**である。

豊かに生きるためのコツは、「これで十分」なものを選ぶこと

36

「努力しないための努力」だけする

「面倒くさい」を原動力にする

僕は、筋金入りの面倒くさがりだ。

片付けも掃除も労働も苦手だし、そんなことをするより、ブログを書くなり、寝るなり、ニンテンドースイッチで遊んでいたい。

「面倒くさい」という違和感こそが、「無駄」の正体に他ならない。ちょっとした無駄であっても、積み重なればやがて大きなストレスとなる。

だから「面倒くさい」ことをしなくて済む方法はないか、もっと楽になるよう効率化できないかを、常に考えている。たとえば、こんな具合に。

- **片付け**↓物を減らして散らからないようにする
- **掃除**↓お掃除ロボットに任せる
- **労働**↓生活コストを抑えて、稼ぐべき金額を下げる

こうやって「面倒くさい」をなくしていくと、「楽しい」に集中するための余白が生まれる。

先日、「ポーランドで開発された、ゴミを入れるだけで自動分別してくれるＩｏＴゴミ箱」を紹介する記事の見出しにあった「努力よりもテクノロジー」というコピーに、強烈に惹かれてしまった。

片付けする努力、掃除する努力、労働する努力、そして、ゴミを分別する努力……このように、今まではなんにでも努力が求められ、それができない、つまり「がんばれない」人には「ダメ人間」のレッテルが貼られていた。しかし、テクノロジーが進化した今、「努力＝がんばること」は無駄だ。

努力は美徳とされるが、「がんばろう」と思っている時点で適性がない証拠。片付けも、掃除も、労働も、本当に好きならば自然と体が動いているはずだ。

だから僕は、「面倒くさい」ことを排除し、「がんばらなくても継続できる」、つまり「好きなこと」だけに力を注げる環境を整えたい。努力が大嫌いな僕だけど、唯一、**「努力をしない努力」だけはする。**

「面倒くさい」と感じることがあったら、効率化や自動化を図れないか、あるいは、なくすことはできないか、を常に検討する。

そもそも、昔は掃除や洗濯、炊飯、支払いなど、あらゆることが手作業で行われていたのだ。テクノロジーの進化は、代々の「面倒くさがり屋」の「努力をしない努力」の賜物である。偉大なる「面倒くさがり屋」の先人たちには感謝するばかりだ。

例としてテクノロジーを挙げたけれど、テクノロジーに頼らなくても、たとえば、部屋の物を減らすだけでも**「効率化」「自動化」「やめる」**のどれかは達成できるはず。「努力・気合・根性」なんて人の意思はあてにならないので、「努力をしないで済むように、どう努力したらいいいか」と考えよう。

僕は「楽しい」ことに集中できる人生にしたい。だから「面倒くさい」という感情に対して、敏感であり続けたいと思う。努力せずともうまくいく環境をつくる、そんな「努力しない天才」になる素質を、ミニマリストは秘めている。

「面倒」をなくせば、
「楽しい」だけに集中できる

37

生活の水準を上げず、満足の水準を下げる

自分の「天井」を知り、その水準を維持する

〝1Kでバストイレ別で64000円が安いなんて感覚に慣れるとは思ってなかった〟というのは、ゲスの極み乙女の曲「某東京」に出てくる歌詞だ。家賃2万円の家に住んでいる僕でさえ、この歌詞に共感している時期があった。

僕が東京にいた頃に暮らしていたのは、家賃が月4万5000円のシェアハウス。東京に住む以上、生活コストが上がるのは仕方がないし、「できるだけ生活水準は上げたくないから」と、シェアハウスに住むことで家賃を極限まで抑えていた……はずだった。

都内でひとり暮らしをしようとすると、家賃は8~10万円が相場だ。いくら自分にいい聞かせても、冒頭の歌詞にあるような「1Kの6万4000円が安い」という感覚をぬぐい切れなかったのである。

だから僕は東京を離れ、福岡に戻ることにした（列車や宿の手配など「旅をしながら暮らす」ことに付随するいろいろなことを、面倒くさいと感じるようにもなっていた）。

「贅沢にはすぐ慣れるが、貧乏に慣れるのは難しい」という言葉がある。親の自己破産で生活水準のジェットコースターを経験し、強く意識していたはずの僕でさえそうなのだ。

だから、満足の水準は下げられるだけ下げておいたほうが得策である――そう思い直した僕は今、福岡で家賃2万円の家に住んでいる。

100万円の腕時計を買って喜んだところで、上を見れば1億円する腕時計がある。でも「時計はブランド物じゃなくても、防水性と耐久性が高ければそれでいい」とわかれば、「3万円の時計で満足」が、自分にとっての天井になる。

しかし、僕が福岡から東京へ出て生活コストが上がったように、環境の変化で「生活の水準」を変化させざるを得ないときもある。東京に住まなければならない理由がある人なら、高い生活コストを払ってでも東京に住む必要がある。

それでも大事なのは「**生活の水準が上がらざるを得なくても、満足の水準は上げない**」こと。

僕の場合、家に関しては「6畳一間のスペースで満足できる」ことがわかっているので、東京で1K6万4000円を払うことはあっても、地方で6万4000円を払うことは絶対にない。

「6畳一間」という条件を満たしているなら、6万4000円以下の物件でも満足できるからだ。僕の家選びは「6畳一間」が天井なのである。


また、あらかじめ「自分の天井を把握する」ことも大事だ。

「世界ナンバーワンの芸術品を買うには1億円でも足りないが、iPhoneは、世界最高峰の技術でありながら、10万円程度で買えるから安い」

このエピソードを聞いて、僕は深くうなずいた。

芸術品の他にも、グルメ、オーディオなど「青天井」の物は多いので、深入りし過ぎないに限る。もちろん好きならかまわないが、「スピーカーは3万円で満足」といった具合に、自分の天井を把握しておくといい。

無駄遣いや贅沢に慣れ過ぎないよう、常に気を引き締めておく

38

「自分の定番」をあえて壊す

常に自分の常識を疑い、塗り替える

飲食店をランダムに決める「SHACA SHACA!!」というアプリをご存じだろうか。このアプリをつくったのは、僕の友人でもある稲沼竣(@ShunInanuma)さん。

発想の根本にあるのは、「人生はもっとランダムでいい」「エンターテインメントで世の中を不便にしたい」という考えだ。便利過ぎる今の世の中へのアンチテーゼともいえる。

「どこで食べる? どこで飲む?」→「決めるの面倒くさくね?」→「最近のグルメサイトの評価って、薄っぺらいし自分で確かめたくない?」

いつも陥りがちだったこんな流れが、「SHACA SHACA!!」をつくるきっかけにつながったそうだ。そこで「じゃあ、ランダムに任せてしまおう!」という発想になるのが、彼のぶっ飛んでいるところなのだけど。

アプリをシェイクすると、ひとつだけランダムに店舗が表示される。かかる時間はわずか2秒。いくつか候補となる店舗を挙げるのではなく、ひとつまで絞ることで、ユーザーに「選択の余地」を与えないところが潔い。

外観写真、星評価やレビュー、予算の記載はなく、表示されるのは地域カテゴリーと店舗名、営業時間のみ。極力シンプルな画面にした理由は「そのほうがおもしろいから」だそう。どんなお店かわからないからこそ、そこにたどりつくまでの道のりもエンターテインメントになる、と。

一見、便利とはほど遠く思えるけれど、その実、「選ぶ」という手間を省きつつも、自分の中にない**「未経験」に飛び込む後押し**をしてくれるとても優秀なアプリだ。

実際に僕も、このアプリを利用してお店を選んだのだが、なんと男友達と2人でフレンチトーストの専門店へ行くはめになった。予想通り店内は女性であふれ返っていて、男性は僕ら2人だけ。

入店するときはさすがに怯んだが、その思い出は一生忘れられないものになった。デートに使えるお店に詳しくなったし、サラダに出てきたブロッコリーと蜂蜜が合うことも初めて知った。馴染みの店に行っていたら、きっと知ることはなかった。

ミニマリストの僕は、着る物、食べる物、持ち物、行動など、あらゆるものやことをルーティン化することで効率化を図ってきた。これにより、考える手間暇を減らし、自分が本来やるべきことに時間を割くことができる。

しかし、効率化はときに、自らの思考を凝り固めてしまう。

先に、「変わり続けること」こそがミニマリストの本質であると書いたが、思考があまりに頑なだと、その「変化」を取り入れることすらできない。

だから、日常でのルーティンを固定させつつも、ときに、**意図的に「非日常」をつくり出す**必要がある。いつもと違う帰り道を通る、初対面の人と話すなど、ささいなことでいい。自分の枠から外れて、自分の常識を塗り替えることが、自分の「定番」をさらによくするための「変化」をもたらしてくれるのである。

ミニマリストである僕も、この「常識を常に疑う」姿勢を見習いたいと思う。

世間の常識も、自分の常識も、常に疑う姿勢を持て

39

「顔がわかる人」からの情報を最大限に浴びる

ポータルサイトでの情報チェックは愚の骨頂

僕は物、食事、人間関係などさまざまなものを「最小限にとどめよう」と改善してきたけど、唯一**「情報」だけは、最大限に浴びる**ようにしている。本から情報を得ることもあるけど、主な情報源はもちろんデジタルだ。

僕には信じられないのだけど、この「デジタル」に悪いイメージを持っている人は多い。一定期間スマホやネットから強制的に離れる「デジタル断捨離」が流行っているのも、「デジタル＝悪」という価値観が根底にあるからなのだろう。

そもそも、なにかの情報に触れて疲弊するような人は、触れている情報源に問題がある。SNSにアップされる旧友のどうでもいい日常に一喜一憂していないだろうか。昔の僕がそうだった。

せっかくスマホひとつでほしい情報にアクセスできるすばらしい時代に生まれたのだから、これを使いこなさない手はない。やみくもに否定し、怖がるのではなく「使い倒してやろう」という意識が大事だ。自転車だって何度も乗って、何回もこけなきゃ乗りこなせない。それと同じだ。

たとえば僕は「格安シム」というサービスを知ったことで、毎月7000円のスマホ代を1690円にまで下げることができた。なにより、僕はネット上で「ミニマリスト」という言葉と生き方を知り、人生が大きく変わった人間である。

このように、自分にとって役に立つ「質の高い情報」を毎日浴びていれば、自分の可能性はどんどん広がるし、もっと生きやすくなっていく。

SNSやニュースサイトを見ていると、毎日大量の情報が流れてくる。だけど、そのすべてを事細かに把握する必要はなく、情報を「浴びる」努力をして、自分の頭で考えること。

これを繰り返すうちに、「あー、前にどっかで聞いたことがあるな」と、頭の中で引っかかりが生まれるようになる。より多くの「引っかかり」をつくれるよう、頭の中にたくさんの引き出しをつくることが重要だ。

まずは、自分が興味のある分野の情報が入ってくるよう、**情報源をカスタマイズ**しよう。

定番の「**スマートニュース**」や「**グノシー**」、気になるブログやサイトの新着記事をまとめてチェックできる「**Feedly**」なんかが便利だ。「主たる情報源がヤフーニュース」だなんて、ネットのよさを1%ぐらいしか使ってないも同然だ。

僕が重視しているのは「**誰が書いたのか**」ということ。

少し前に、医療系の匿名キュレーションサイトが問題になったのも記憶に新しい。嘘の情報に惑わされないために「この情報発信者は、本当に信頼できるのか？」と確認する習慣を身につける必要がある。

また、SNSはその人の根っこの部分が出やすい場所。そこに触れることで、役に立つ情報を得ることはもちろん、彼らの思考を自分にそのまま取り入れることだってできるのである。

忘れてはならないのが、他人のどうでもいい日常や愚痴など、余分な情報が入ってこないようにフィルターをかけること。ノイズは最大限カットし、自分の興味のある分野や信頼できる人の情報だけが流れてくる環境を整えよう。

浴びた情報を自分で整理し、自分の頭で考えることで血肉になる

40

人からの信頼を貯める

フォロワー数を増やし、
信用をお金に変える

少し前に、ツイッター上で悠斗（@yuto_le）さんが提起した**「現金1億円とフォロワー100万人、手に入れるならどっち？」**という議論がネット上で盛り上がりを見せていた。ツイッター上で行われたアンケートでは、「現金1億円」が72％、「フォロワー100万人」が28％という結果に。

僕なら迷わず**「フォロワー100万人」を選ぶ。**1億円は使ってしまえば終わりだが、フォロワーはいつまでも残り続ける。言い方はちょっとアレかもしれないが、**「信用は何度でも使える」**のである。

最近は**「フォロワー割」**が流行っている。略して「フォロ割」。

SNSの1フォロワー＝何円（多くの場合1円）と換算し、代金から割り引いてくれるという仕組みで、奄美大島のリゾートホテルや、メガネショップの「オンデーズ」などが実施。フォロワー数だけでなく、滞在中の投稿に対する「いいね！」の数が割引対象として合算されることもある。

「フォロワー数で値段が変わる美容室」も登場している。フォロワーが5000人以上は無料。フォロワーが5000人以上の人は、髪を切ってもらったうえに、フォロワーの数だけお金が「もらえる」という。

さらに、前述の「オンデーズ」では、SNSのフォロワーが1500人を超える人を採用で優遇し、さらに月に5万円の手当を支払うとしている。

もはや、SNSはコミュニケーションや承認欲求を満たすためだけのツールではない。フォロワー数や「いいね！」の数は金銭的価値、そして学歴のような社会的価値として機能している。

フォロワー数＝信用の数、と言い換えることができるし、SNSの普及で信用が数字として目に見えやすくなった。

僕の友人のるってぃ（@rutty07z）くんは、「スマホ1台だけで旅する」男。旅の資金をクラウドファンディングで募り、持ち物はいっさい持たず、スマホだけを手に国内外の旅行先へ飛ぶ。支払いはスマホの電子決済のみ、衣類などは現地調達もしくはレンタルなどシェアサービスを活用。文字通りの「手ぶら」旅を実践している。

ただし、自身のルールとして「自分の信用力を使うのはOK」としていた。「誰か泊めて」とつぶやけばフォロワーの誰かが泊めてくれるし、電子マネーが使えないような田舎でも「一緒にごはん行ってくれる人いますか?」と募れば、ごちそうになれることもある。フォロワーの数が多ければ多いほど、そのような恩恵に与れる可能性は高い。信用力があれば、物も減らした状態で旅をすることさえ可能だ。

しかし、「ネットで顔出しするのは怖い」という意見もある。顔も家もすべてさらしている僕も、リスクがあることは承知しているし、大前提として恥ずかしい気持ちも少しはある。だけど、**自分のことを公開することで得られるメリットは、これらのデメリットをかき消してしまうほどに大きい。**

そして、これらのメリットは、「ネットで活動している人」の特権ではない。実際、会社勤めをしながらSNSでフォロワーを増やしつつ、それを仕事につなげたという知人は多い。どんな有名人も最初は一般人だったし、今はツイッターなどのSNSも無料でスタートできる時代だ。あとは、やるかやらないかの差である。

信用があれば、手ぶらで旅することも、就職することもできる

41

コンプレックスを
ポジティブ変換する

「少ない」「足りない」は魅力的

僕は父親より10センチも身長が低く、あろうことか、妹にまで身長を抜かされている。もはや、身長ミニマリストだ。

また、僕以外の家族はみな健康体なのに、僕だけアトピーやアレルギー、ぜんそくなどを患っていた。そんな僕は「遺伝子の失敗作だ」と自分のことを呪い、インヒールの靴をこっそり履いたりして、とにかく自分を偽っていた。

「自分は本当に、この親の子どもなのか？」なんて思っていた時期もある。

だけど、見栄を捨て、自分に自信が持てるようになってからというもの、その考えはガラリと変わった。

むしろ今は、低身長でよかったと思っている。「高身長のメリット」も魅力的だが、**「低身長」もまた魅力的**なのだ。

たとえば、身長が低いと威圧感がなく、相手から警戒されにくい。そのため、親近感を持たれやすく、人間関係も構築しやすい。

また、必要なエネルギーも少ないので、ごはんも少なくて済む（僕が1日1食生活を送れているのもこのおかげだ）。寿命だって、低身長のほうが長いという研究は多い。

僕は長生きできるのだ！

それから、昔アルバイト中に見知らぬ女の子から連絡先を聞かれて、交際に至ったことがある（逆ナンパ）。

そのとき、なぜ僕に惹かれたのかを聞いたら、「ヒョロッとやせているから」という答えが返ってきた。

僕は「そこ!?」と驚いたのだが、「僕がコンプレックスだと感じていた一面を好きだといってくれる人に出会えた」ということに、じわじわと感動したのを覚えている。

ありのままの自分を、好きになってくれる人がいる。

このシンプルな事実は、僕に大きな自信を与えてくれた。そして、それ以来、小さくてやせ型な自分が好きになった。

「健康に生まれた」多くの人は、30代、40代になって初めて、体の衰えを感じたり、健康診断でなにかの項目が引っかかったりして、健康のことを考え始める。

その点、僕は幼少期にアトピーやアレルギー、ぜんそくに悩み、苦しい思いをたくさんしたが、そのおかげで健康に対する意識が若い頃から高い。いまや、自他ともに認める「**健康オタク**」だ。

過去に悩んだ経験があるからこそ、「健康の重要性」にいち早く気づき、対策を打つことができているのである。

健康体であることにあぐらをかき、知らないうちに手遅れになる人より、よっぽど幸せだと思う。

「少ない」や「なにもない」は、一般的にはネガティブ寄りのワードだといえる。でも、**「少ないからこそ」魅力的**なことや、**「なにもないからこそ」気づける真実**がある。

コンプレックスは、人を突き動かす原動力になるのだ。

コンプレックスは、チャームポイントにも武器にもなる

42

才能の無駄遣いをやめる

「ストレングスファインダー」で
自己理解を深める

僕の才能は「収集」である。

「なんにも持ってないのに？」とお思いだろうか。実はこれ、「**ストレングスファインダー（自分の強み診断）**」という自己分析ツールの結果で、僕は34ある項目のうち、「収集心」という才能が1位となったのだ。

初めはこの結果に「え？（僕、ミニマリストなんですけど……）」と驚いたのだが、分析内容を聞いて納得。物質的なことへの関心ではなく、**情報や知識、経験など、「形ないもの」への収集心が強い**――とのこと。

そして、この結果を知ることで僕は、自分が「本を読んだり、旅行などで経験を積むことを栄養にすれば、幸せになれる人間なんだ」とはっきり自覚することができた。

ここ数年、世の中は「**物と向き合う**」ブームが続いている。しかも「増やす」よりも「減らす」ことに焦点が置かれている。断捨離、シンプルライフ、片付け術、もちろんミニマリズムだってそうだ。

これは、みんな**自分のことをあまり知らないから**なんだと思う。物を減らしていくうちに、「自分はこんな生き方がしたかったんだ」と、自分のことを知ることができる。

まさに、物は自分の映し鏡だ。

僕の友人であり、「自己理解」を事業とした会社Ｍｅｅｃの代表である八木仁平（@ yagijimpei）くんの言葉が興味深い。

「選択肢が増え過ぎて、1億総自分探しの時代がくる」

「自己理解は自分に合った山の登り方を知るためのツール」

「自分を知る」とは、可能性を広げることではなく、絞ること。どこで自分が強みを発揮できるのか、才能をあぶり出し、その才能を「強調」するという点は、まさにミニマリズムと同じ発想だといえる。

自分を知るのにおすすめなのが、「ストレングスファインダー」に加えて、「**内向型・外向型診断**」と「**エニアグラム**」というツールだ。僕は、自己理解を深めることで、「僕が苦手なあの人には○○な素質があるのだろう」といった具合に、他者への理解も深くなった。

そもそも「自分らしくある」とか、「自分に自信を持つ」とは、**自分をコントロールできる状態**のことだと思う。たとえば、緊張して自分らしさを発揮できないのは、自分をコントロールできていないから。

映画『ファイトクラブ』に「所有していた物に、気づいたら所有されている」というシーンがあるが、自分らしくあるためのいちばんの近道は、物を減らしたり、人間関係を見直したりする過程で「いかに自分をコントロールするか」を学ぶこと。

ミニマリストがみな、いきいきとした人生を送っているのは、**自分を深く理解しているから**こそ。

選択肢を減らし、自分を理解することで、自信もついてくる。そして、物にも人にも「コントロールされない」自分になれるのだ。

自分を知らない状態とは、真っ暗闇をさまよい続けるようなもの。一方、自分を知っていれば、迷わず道を直進できるのだ。

自分がどんな空間で、どんな物に囲まれて、どんな人と付き合っていれば幸せなのかを知ることで、余計な選択肢を増やしたいとは思わなくなる。

自分を知ることで、人生に必要な「コントロール感」を獲得できる

第6章

人間関係を自由にする。

43

「物」ではなく「経験」を資産にする

旅行の思い出は、
心に一生残り続ける資産

ミニマリストの間で重視されている考え方のひとつに「**物より経験**」というものがある。物を買ってもその瞬間しか満足感を得ることができないが、旅や読書からの学びなど、得た経験は自分の中に一生残り続けるから満足度が高い。

この「物より経験」は科学的にも根拠がある。

心理学者のリーフ・ヴァン・ボーウェン氏、トーマス・ギロヴィッチ氏による最新の研究で、「**物より経験にお金を使うほうが満足度が高い**」ということが証明されている。彼らの論文によると、

▽物による幸福感は長続きしない。
▽形のある「物」は誰かから奪われる可能性があるが、「経験」は奪われない。
▽人は幸福感に慣れやすいから、物を手に入れても「次はもっと上を」と欲望が増す可能性が高い。
▽物の場合、グレードによって価格差がある分、つい他人と比較してしまう。

そして、「物にお金を使い過ぎるな」というシンプルな結論にたどりついている。

物を買っても満足できない——その理由の根本にあるのは見栄、つまり「承認欲求」だと僕は思う。

人間は「他人から認められたい」と思う生き物なので、承認欲求を持つのは自然なこと。しかし、多くの人が「自分が成し遂げたこと」ではなく、「自分の持っている物の価値」で過剰な欲求を満たそうとする傾向にある。装備品で自分を語るよりも、裸の自分を誇れるほうがずっとかっこいいのに。

その点、経験を重視すれば「他人との比較」から降りることができるし、自分の中に残り続ける思い出が資産になる。ミニマリストたちがよく言う「物を減らしていき、無駄な物を持たないことで人生が豊かになった」という話は、間違いではなかったのである。

僕は今、月に7万円で必要最小限の生活をしているが、余ったお金は、旅行などの経験、そして知識を増やすための本や情報に使っている。

経験に使った例を挙げよう。僕は、東京で開催される友人のダンスレッスンへ福岡から通ったことがある。

交通費や宿泊費はかかるが、それでも、「絶対に参加したい！」という気持ちを大事にしたくて、思い切って東京へ行った。

そして、初めてダンスを踊れるようになった経験はもちろん、イベントで出会った仲間の家に泊めてもらったり、楽し過ぎて帰りの飛行機に乗り遅れそうになったりしたことのすべてが、思い出として残り続けている。

もし、このダンスレッスンに費やしたお金を、不必要なブランド品や高級品を買ったりするのに使っていたら、使った額は同じでも、その満足度はとても低いものになっていただろう。


今の20代の人は、100歳以上生きる可能性が高いというデータがある。

昔に比べて長生きするようになった現代では、「物より経験」の価値はよりいっそう高まっていくだろう。

物は有限、経験は無限。
形ある物より、形ない経験を

44

60万円以上は貯金しない

余ったお金は、
どんどん人にまわそう

ミニマリストになって、生活費がかからなくなり、お金が余るようになった。貯金して手元に眠らせていても仕方がない。だから僕は、**人にお金を「まわす」ことにした。**

たとえば、「僕の好きなAppleの製品を、もっと多くのミニマリストに使ってほしい」と考え、「#MacBookおじさん」というSNS上の企画に参加。学生ミニマリストさんに、13万円のMacBookをプレゼントした。

また、「自分の好きなミニマリストさんを、もっと多くの人に知ってもらいたい」という気持ちから、僕のブログ上で取材企画「ミニマリストのカバンの中」を開始。自分の足で現地へ向かい、自分で取材を行っている。交通費はもちろんかかるし、時間をいただいたお礼を込めて、取材対象者には謝礼も支払っている。

こんな具合に、人にお金をまわすようになったのは「自分にお金を使っても、満たされなくなった」から。

少し前までは、ミニマリストとして生活するうえで余ったお金を「自分への投資」に使っていた。高くても「本当にほしい物」を買う、読みたい本はすぐに買う、旅にお金を使う、健康食品を買う、仕事道具のパソコンやカメラを買う……これらは全部、「自分の成長」につながればと思って使ったお金である。

だけど、ここ最近はもう、自分にお金を使ってもそこまで幸せは感じないし、本当にほしい物はほとんど手に入れた。

だったら、「この人にお金を使ってほしい」と思える人にお金をまわしたい。僕ひとりが無駄にお金を貯め込むより、そのほうがお金も有意義に生きる。

そんな僕の貯金は、常に60万円ほど。

60万円の根拠は、「**必要最小限かかる生活費の1年分**」である（ライフネット生命の出口治明さんの著作『働く君に伝えたい「お金」の教養』を参考にした）。

「なにか起こったらどうするの？」と聞かれることもあるが、「そのとき」に考えればいいと思っている。結婚、出産、入院など、予想外のことが起きても、1年分のセーフティネットがあれば、十分に対応可能だ。少ないお金で生活できるようになったから、不安はまったくない。

もちろん、家族の有無やライフスタイルなどによって、額は人それぞれだろう。この額を計算するうえでも、先に書いたミニマム・ライフコストを把握していることが大前提となる。

そもそも僕は、「未来のために、今をないがしろにする」という考え方が嫌いだ。これは物だけではなく、お金にもあてはまる。未来は今の積み重ねでしかないのだから、今を懸命に生きることが、未来への保険になる。

人間は貯めれば貯め込むだけ、手放すのが怖くなる生き物。意味もなく**「貯金して、通帳を眺めるのが生き甲斐」になるのは、僕にとって最悪**の状況だ。

だから僕は、お金をどんどん人にまわす。「投資」ではなく「まわす」と表現するのは、リターンを期待していないから。

投資ではないので「なくなってもいいや」と割り切っているし、もし返ってきたらラッキーというぐらいの感覚でいる。

「自分への投資」に飽きたら、「人にお金をまわす」ことで自分も相手も満たそう

45

「恩の奴隷」にならない

恩は返すものではなく、
まわすもの

ミニマリストの僕の元には、よくこんな相談が寄せられる。

「お友達からもらったから、捨てられない」

「親が買ってくれたから、保管している」

「○○さんにもらったから」なんてどうでもいいと、僕は思っている。

恩は返すものではなく、まわすものである。

恩を無理に受け止めると、恩の奴隷になってしまう。恩の暴力は人を苦しめるから、けっして恩を売ってはいけない。

一度、自分が「あげる立場」になって考えてみてほしい。友人にプレゼントを贈ったとして、「この前あげたあれ、まだ使ってる?」なんて、改めて聞いたりすることがあるだろうか。きっと、してないはずだ。してるのだったら、これを機に「自分はヤバイ奴だ」と認識してほしい。

「恩を受け止めるな、売るな」とは、こういうことなのだ。

僕は、使わなくなったキャリーケースや、新品のＭａｃＢｏｏｋを、ＳＮＳを通じて人にあげたことがあるのだが、見返りはいっさい求めていない。

お金に困ったら転売してもらってもいいし、使えなくなったら処分してもらってもかまわない。いい意味で、なんの期待もしていないのである。

物は、プレゼントされた瞬間から劣化し始める。時間が経つにつれて、もらった人の嗜好と合わなくなっていくのは当然のこと。そこに、あげる側が関与する権利は、いっさいいない。

だいたい、自分がプレゼントした贈り物で相手が苦しんでいたら、あなたはどう感じるだろうか？

「あまり趣味じゃないけど、捨てられなくて困っている」

「これだけの物をもらったんだから、なにかお返しししないと」

喜んでもらうためにあげたプレゼントが、相手にとって重荷になる……こんなこと、あなたは望んでいなかったはずだ。

だから僕は、人にプレゼントをあげるとき、**基本的に消耗品しか贈らない**ことにしている。

プレゼントで趣味嗜好に合わない服なんてもらったら相当に迷惑だし、形に残る物をプレゼントするのはリスキーだ。だから僕は、「形のあるプレゼントは、爆弾を渡すのと同じ」くらいの感覚でいる。

出産祝いなんかは「何枚あっても困らないから」と赤ちゃんの洋服が好ましいとされているみたいだけど、それでも、もらう側の本音は「お祝い金や商品券がいちばんいい」と思っているはず。

それだけ、あげる側は慎重にならなくてはいけないのである。

「捨てたい」と思った時点で、捨ててOK。

その気持ちの根本は「(本当は捨てたくて捨てたくて仕方ないのに)人にもらったから捨てられない」なのだから。

そして、自分にまわってきた恩は他の人にまわして「恩を循環」させていこう。

「恩返し」から「恩まわし」へ。
物もお金も恩もすべて「循環」させる

46

「なにが嫌いか」をはっきりさせる

「あれが好き、これが嫌い」と
言えるのがミニマリスト

「何が嫌いかより　何が好きかで自分を語れよ!!!」

漫画『ツギハギ漂流作家』のセリフである。漫画を読んだことはなくても、セリフだけは聞いたこともある、という人も多いのではないだろうか。

「どうしてお互いの欠点探して傷つけ合ってばっかいるんだよ　百の罵声をあびせるよりも好きなもん一つ胸張って言える方がずっとカッコいいだろ」に続くこのセリフ、僕も昔は強く賛同していたのだが、今は少し違う。

正しくは「**好きを語るなら、嫌いも語れよ**」があるべき姿だと思うし、「好き」しか言えない世界はつまらない。

僕には「**いらないものリスト**」がある。

見栄、我慢、恩、がんばること、他人をコントロールすること、他人の常識、ストック、貯金、高過ぎる固定費、惰性の付き合い、収納のための収納、柄物、無益な情報、大きい家、マイカー、タバコ、バスタオル、プリンター……。

この「いらないものリスト」は「嫌いなものリスト」と解釈することもできる。

中でもタバコは、ずば抜けて嫌いだ。副流煙で他人の体を傷つけてまで、自分の欲求を満たすのはイジメと同じだし、吸うならせめて場所を離れるなど気を使ってほしい。

昔、飲み会で同席していた人に「(席で)タバコ吸っていい？」と言われたことがある。喫煙ＯＫの飲食店にいる時点で、タバコを吸うこと自体に問題はない。

しかし、相手は、僕がタバコ嫌いであることを知っているから、そのセリフを吐いたわけだ。

だから僕は、こう返事した。「吸ってもいいけど、僕は帰ります」。

これを聞いた相手がどう感じたか、直接聞くことはなかったけれど、その日彼がタバコを吸うことはなかった。

もちろん、その場の空気は、ちょっと凍りついた。

だけど、そのおかげで、僕とその周囲の友人たちはタバコの煙を吸うことなく食事を楽しめたし、その人との付き合いも断ち切ることができた。もし、このときに「嫌い」と伝える勇気を持たなければ、僕は苦い思いをしたままその席で過ごしただろうし、その人との付き合いも騙し騙し続けていたことだろう。

だからこそ、よく耳にする「好きの反対は無関心」も、僕は間違っていると思う。僕は「タバコの煙を吸わされるのが嫌」だから、意思表示した。これが、タバコに対して「無関心」であったら、僕は怒っていなかっただろう。

つまり、「好き」があるから「嫌い」に対して反応できるし、「嫌い」があるから「好き」なものに惹かれる。ネガティブなワードだけに避けられがちだけど、**「嫌い」という感覚にも価値がある**と思う。

もちろん、進んで「嫌い」を語る必要もないし、他人の意見をねじ伏せたり、変えようとしたりはしないが、自分の意見を躊躇せずいえる人間でありたい。「あれも好き、これも好き」という八方美人よりも、「あれが好き、これは嫌い」という人のほうが信頼できる。

「好き」を尊重するために、
「嫌い」をはっきりさせよう

47

人を傷つけ、人から傷つけられることを恐れない

「そういう考えもあるよね」で終わらせない

白黒はっきりつけるには、ものすごくエネルギーが必要だ。

飲み会を断るのもそう、恋人に別れ話を切り出すのもそう。

「どっちでもいい」「なんでもいいよ」という八方美人的な生き方は楽だし、そっちに転がりがちな人は多い。

でも「いろいろな考えがあるから」「そういう人もいるよね」なんて誰でも言えるから、それで話を終わらせるのは、いちばんつまらないと思う。

多様な価値観があるのは大前提、当たり前のこと。世の中に正解がないからこそ、**自分の意見はうやむやにしない**ほうがいい。


ミニマリストになってからだろうか。僕は「○○な理由で△△は持たない」と、イエス・ノーをはっきりさせることが多くなった。そうすると、「いろいろな人がいるんだから」と、僕をたしなめようとする人が出てくる。

知人からいわれることもあれば、SNSを通じて、見ず知らずの人からいわれることもある。

「世の中にいろいろな人がいる」「考え方は人それぞれ」……そんなの当然だ。僕だってわかっている。

わかったうえで、「こう思う」と、僕は勇気を出して言い切っているのである。

人は生まれながらに不平等だ。裕福な家庭に生まれ、親の離婚ですべてを失ったことのある僕は「恵まれている」状況も、「そうでない」状況も両方経験した。

裕福な頃は、親にゲームを買ってもらえない友人たちを「なんで？」と思っていたし、逆に、貧乏生活の頃は、洋服をバンバン買う友人たちをうらやましく眺めていた。

それだけ、人との違いに敏感だったのだと思う。

人と人は違う。だから、人を蔑んだり、うらやんだりするのは、ある程度仕方のないことだ。

「人類みな兄弟、話せばわかるはず」という考えのほうが、よっぽど暴力的だと僕は思う。「わかってくれるはず」という期待は、それが裏切られたとき、怒りの矛先は信じられないぐらいに鋭くなる。

人を傷つけ、人に傷つけられるのも大前提。僕がなにかを「好き」と言えば、それを「嫌い」な誰かを傷つけるし、逆もしかりだ。それでもしどこかの誰かが傷ついたとしても、仕方のないこと。いちいち気を遣って「好き・嫌い」を言えないなら、そんなのは窮屈で退屈だ。

ミニマリストになることは、自分の「好き」を強調していく作業である。「好き」を選び取り、それ以外を排除することで、本来、自分が打ち込むべきことに時間やお金を費やせる状況をつくり出すこと。

好んで「4畳半の部屋に住む」「1日1食」など、僕のやっていることは、理解されないどころか、見ず知らずの人に責められることすらある。

だけど、そうやって責めてくる人たちのおかげで、人と違う自分が気にならなくなった。「**異なる意見は、それぞれに尊い**」ということを腹の底から理解しているから、受けた批判に対して反論することもない。

みんなそれぞれいいたいことを、いえる世の中がいいと思っている。

多様な価値観があるのが大前提だからこそ、言い切ることが大切

48

相手のエネルギーを奪う物はあげない

千羽鶴、年賀状、形の残る物は安易に贈らない被災地を思って折った千羽鶴が、被災者にとって邪魔になっていた――。

「週末になるとボランティアに行っていたのですが、震えている人に毛布をかけたり、お腹が空いている人に豚汁を作るハズだった僕らの手と時間は、全国から送られてくる『千羽鶴』の撤去に割かれてしまいました……」

阪神淡路大震災の被災者である、キングコングの西野亮廣さんのエピソードだ。

これに限った話ではないが、「**受け取った相手がどう感じるのか**」という想像力を働かせず、自己中心的なプレゼントをする人は意外と多い。彼らはなんの悪気もなく、相手が喜ぶと思ってプレゼントを渡している。

結果として「ありがた迷惑」な状況が多いし、なにより本人に自覚がないからタチが悪い。

「ありがた迷惑」といえば、年賀状もそうだ。

年賀状は、受け取った人のエネルギーを奪う「贈りもの」の最たる例だと思う。保管場所の確保、処分する手間、返信を強要されるストレス……。なかなか廃れないのは不思議だ。もちろん、僕には送らないでほしい。

相手も自分も喜ぶプレゼントをしたいなら、「処分に困らない物」を渡すに限る。

結局のところ、どんな物を受け取ろうが「プレゼントしてくれた」という行為そのもので、人は喜ぶ。ただし、これには「迷惑にならなければ」という注釈がつく。

そもそも、本当にほしい物なら自分で買っているだろうし、人からもらうプレゼントの質に、最初から期待などしていない。

だからせめて、**「受け手のエネルギーを奪わない物（＝処分に困らない物）を渡す」**くらいがちょうどいい。それで十分というか、物にあふれた現代では、それくらいのほうがむしろ喜ばれる。


それでも、「どうしても、なにか形として喜んでもらえる物を贈りたい」という場合もあるだろう。そんなときに使いたいのが「**お金で気持ちを伝える手段**」だ。商品券や図書カードなど、昔からあるプレゼント形式ではあるけれど、今、その手法は形を変えて進化している。

たとえば、ユニクロや無印良品、イケアなどが出しているプリペイド式のギフトカードは、新生活を始める人にピッタリだろう。

カフェ好きな人には、スターバックスコーヒーの「eGift」を贈りたい。LINEや電子メール、SNSを通じて送るオンライン形式のギフトカードなので、まさに「物」を介することなく、気持ちを伝えることができる。

アマゾンのギフトカードなら、グリーティングカードタイプのものを選べばメッセージを添えることも可能だ。

ネット上で手軽にギフトを贈れる「giftee」や、友達同士の少額クラウドファンディング「polca」など、興味深いサービスも続々と登場。中でも、送ったメッセージを「1文字＝5円」で換金できる「レターポット」には膝を打った。

「プレゼント＝実体のある物をあげる」だけではない。

いらない物をもらって困る人が、世の中から少しでも減りますように。

気持ちこそが最高のプレゼント。「相手を喜ばせたい」という思いに価値がある

49

利益をもたらす人間としか付き合わない

人間関係は、
損得勘定で成り立っている

「『なにが嫌いか』をはっきりさせる」の項で、食事の際に「タバコを吸っていいか」と聞いてきた知人と、その後の付き合いがなくなったことを書いた。

このことをブログに書いたとき、読者の方から「人のある一面だけを見て自分と付き合う価値を判断するなんて、自分に利益をもたらす人間としか付き合わないということなのか？」というご意見をいただいた。

まさに、その通り。僕は「**人付き合いだって、利害関係だ**」と思っている。


読者の方は言う。「たとえばしぶさんが尊敬している方や、親しい友人の方から同じこと、タバコを吸っていいかと聞かれてもNOと言えるでしょうか」と。

もし、HKT48の宮脇咲良さん本人に目の前で「タバコ吸っていい？」と聞かれたら、OKを出すかもしれない。

かわい過ぎるので、最悪タバコを吸っても許せる。しかし、実際そうはなっていないし、宮脇さんはタバコを吸わない。だから「もし○○さんが△△してきたら」という質問は、ナンセンスだ。

僕の知人や尊敬できる人の中にも喫煙者はいるけど、席を離れて吸うなど、非喫煙者を気遣ってくれる。そういう**配慮ができる人だから、関係が続いている**のである。

先日、多人数の飲み会に参加する機会があったのだが、14人もいたにもかかわらず、食事中にタバコを吸う人はひとりもいなかった。これは、付き合う人を選んでいるからこその結果だと思う。いくらなんでも、他の13人全員で『しぶがキレたらヤバイから吸うのやめようよ』と口裏を合わせていたわけではない思う。

確かに「喫煙者か、非喫煙者か」という一面だけで、相手のすべてを知り得ることはできない。でも多くの場合、人は人のある一面だけを見て判断するし、判断される。就活や婚活だってそうだ。

「この人はパッと見でなんか仕事できなそうだから、不採用だな」

「この人は素敵だし、話も合うから仲良くなりたいな。LINE聞こう」

限られた短い時間の中で、全員のすべてを知るのは無理だから、自分なりのフィルターをかけて判断する。だからこそ僕らは、その短い時間で、自分の印象を正しく伝えられるように努力するのである。

僕は、今でも利益のある人としか付き合っていない。

ここでいう利益とは**「気遣いができ、話がおもしろくて尊敬できる、なんか居心地がいい」**など。

損失は、「話がつまらない、配慮ができない、見ていてムカつく」など。

こういった「損／得」をトータルして、利益が上回る人と付き合う。


子育てがいい例だ。手間もお金もかかるけど、それ以上に「子どもの笑顔で幸せになれる」という得が上回るから、子どもを育てる。

だから僕は**「嫌な一面すらも許せる人」と付き合いたい**。「口は悪いけど、いっているこことは尊敬できるし一緒にいたい」、そういう人との関係ほど貴重だから。

もちろん、僕と付き合うだけの価値がなかったら、切ってもらってかまわない。僕も人から選ばれるような、得のある人間であり続けたい。


物も人も、すべては利害関係。

自分のためにも相手のためにも、選び抜こう

50

物は少なく、「心の拠り所」は多く

人間関係を増やせば、リスクが減る

持ち物はできるだけ少なくしている僕だけど、人間関係に関しては「浅く広く」を心がけている。

僕の好きな考え方に、「**自立とは、依存先を増やすこと。希望は、絶望を分かち合うこと**」というものがある。これは、脳性まひの障害を持つ小児科医、熊谷晋一郎先生の言葉だ。

人間は、物であったり人であったり、さまざまなものに依存しないと生きていけない。だから、依存先を増やして、一つひとつへの依存度を浅くすることで、なんにも依存していないかのように錯覚できる。この状態が「自立」なのである――と。

僕の場合でいうと、学校の同級生、仕事関係者、ネットやSNSの友達、趣味のゲームでつながった仲間、シェアハウスで知り合った仲間――これらはすべて「依存先」だ。「浅い関係をいくら増やしても、意味がない」と思う人もいるかもしれない。でも、人間関係に限っては、選択肢は多ければ多いほどいい。

依存先が少ないと、関係が閉鎖的になり、支配的になりやすい。

DV（ドメスティック・バイオレンス）はその典型的な例だ。親と子、配偶者間など、その関係にしかしがみつけないために、殴られようとも罵られようとも、関係を断ち切るという選択肢を採ることができないのである。

一方、依存先が多い状態だと、一つひとつのつながりが薄くて済むので、過剰に依存する必要がなくなる。ひとつがダメでも、また他の依存先に頼ればいい。

人間関係は物とは違い、関係性をコントロールするのが難しい。物は、お金さえ払えばやり直しがきく。失敗しても、アマゾンですぐにポチり直せば帳消しになるが、人間関係はそう簡単にはいかない。

とはいえ、嫌いな人と無理して付き合う必要はない。付き合う人を「選ぶ」決断ができるのも、もともとの「依存先」が多いおかげなのである。

家の柱が1本では、すぐに崩壊してしまう。柱は多いほうが安定するし、1本や2本なくなったぐらいで家がぐらつくこともない。

「スマホは大型サイズを選ぶ」の項で触れた通り、これは「なにを最小にするか」という問題なのである。大きなスマホを持つのは、目の疲れを最小限にするため。人間関係を増やすのは、**リスクを最小限**にするため。

特に今は、SNSを通じて、誰でも簡単につながれる世の中である。僕も、住所や電話番号、なんなら本名さえ知らない知り合いがたくさんいる。

「行きたくない飲み会」で時間やお金を浪費するのは問題外だが、ゆるくいい関係を継続させることは、いつか自分を救ってくれる「セーフティネット」を増やすことにつながるのである。

そして、これは人間関係に限った話ではない。**収入源、スキル、居場所などの「形のないもの」**は、増やせば増やすほど、さまざまなリスクに対処可能になる。

投資の世界には「資産を守るなら分散投資、攻めるなら集中投資」というセオリーがある。

人間関係においては、攻めより守りだ。

「依存先」を増やすことが、「依存しない」ための唯一の道

おわりに

マキシマリストの家庭で育った僕は、お金や物を無限に持つ幸せを知っている。流行モデルのあれがほしい、友達のあいつが持っていたこれも買わなくちゃ……まさに無限。キリがない欲望と、それを叶えるだけの（親の）お金が、僕の手に数え切れないほどの物を持たせていた。

物で自分を表現する方法しか持たなかった僕は、親の自己破産という「強制終了」とともにすべてを失った。そこからの数年間は、苦く、恥ずかしい思い出ばかりだ。口を開けば不平不満をいい、打ち込むべきことも持たず、それでいてプライドだけは高い。

そんな僕に光を与えてくれたのが、ミニマリズムであり、そのすばらしさは、本文に書いた通りだ。

今の僕は、ブログ収入だけでも十分に食べていけるようになった。正直、月に7万円以上の収入だってある。

でも、僕はこの先もずっと、手ぶらで生きることを選んでいくだろう。

お金も、見栄も、僕には必要ないものだから。


今だからわかる。

僕は、手ぶらになったから変わったんじゃない。

見栄っ張りでクズの自分を心底変えたくて、無我夢中で手ぶらになったんだ。


ミニマリズムを知ってから、今のスタイルにたどりつくまでに、実は3年もかかっている。「あれがほしい」「これはまだ捨てられない」と葛藤しながら物を減らしては増やし、試行錯誤を重ねてようやくたどりついた境地。

人は僕のことを「達観してるね」「悟ってるね」なんて言うけれど、僕だっていろいろと迷っている。でも、迷って悩んで、自分にとって大切なものを選んできた先には、見栄っ張りでもクズでもない、少しは人に胸を張れるようになった自分がいた。

だから、もし「今の自分があんまり好きじゃない」「心から満足できない」という人は、まずは見栄を手放し、最小限のお金と物で暮らしてみてほしい。最初はごく小さな変化しかないかもしれないけれど、やがて大きく変身した自分と出会えるから。

やりたいことがなにもなかった僕が、自分を取り戻すきっかけになったミニマリズム。このミニマリズムのよさを伝えていくことに、僕は今、心からやりがいを感じている。だから、こんなに大事に思える本をつくることができて、本当にうれしい。

この本を手にしてくれた方、僕のブログを読んでくれている方、そして、本の制作にかかわってくださったサンクチュアリ出版のみなさんに感謝を申し上げたい。編集スタッフの中には、この本の制作中、財布を持つのをやめたり、カフェイン断ちをしたり、溜め込んでいた古い日記を捨てたりした人もいる。僕がみなさんに少しでも影響を与えることができたのなら、こんなに喜ばしいことはない。

そして、不要な物は躊躇なく手放すのがミニマリストだ。
あなたがより手ぶらになり、次の一歩を踏み出す用意ができたなら、この本だって処分してもらってかまわない。

必要なページだけ写真を撮り、すぐに手放してもいい。「ほしい」と言う人がいたなら、譲るのもいいだろう（ただし、押し付けは絶対だめ）。「出口戦略」の話で説明した通り、売るのも手だ。

読書の目的は知恵を吸収することで、所有することではないのだから。

そして、この本に書かれているのは**「僕自身のミニマリズム」**だ。

僕が書いた内容をすべて鵜呑みにせず、**あなたにとって最適な「あなた自身のミニマリズム」を確立**してほしい。

あなたという存在を飾り立てる、余計な荷物はいらない。

手ぶらで生きよう。

僕を育ててくれた両親と、出会ったすべての人に感謝を込めて。

2018年春　「ミニマリストしぶ」こと澁谷直人

※本書でご紹介した情報・サービスは書籍発刊時点のものであり、変更する場合があります。

参考文献・ウェブサイト

《書籍》

・『幸せとお金の経済学』
ロバート・H・フランク、フォレスト出版（2017 年）※引用 P31

・『Dreamland: Adventures in the Strange Science of Sleep』
David K. Randall、W. W. Norton & Company（2012 年）

・『直観力』
メンタリスト DaiGo、リベラル社（2017 年）

・『無敵の思考――誰でもトクする人になれるコスパ最強のルール 21』
ひろゆき、大和書房（2017 年）

・『強く生きる言葉』
岡本太郎、イースト・プレス（2003 年）※引用 P93

・『できる男は超少食―空腹こそ活力の源！』
船瀬俊介、主婦の友社（2015 年）

・『病気の 9 割は歩くだけで治る！～歩行が人生を変える 29 の理由～簡単、無料で医者いらず』
長尾和宏、山と渓谷社（2015 年）

・『「腸の力」であなたは変わる』
デイビッド・パールマター / クリスティン・ロバーグ、三笠書房（2016 年）

・『ポジティブ・チェンジ』
メンタリスト DaiGo、日本文芸社（2015 年）

・『残酷すぎる成功法則 9 割まちがえる「その常識」を科学する』
エリック・バーカー、飛鳥新社（2017 年）

・『さあ、才能（じぶん）に目覚めよう 新版 ストレングス・ファインダー 2.0』
トム・ラス、日本経済新聞出版社（2017 年）

・『LIFE SHIFT』
リンダ・グラットン / アンドリュー・スコット、東洋経済新報社（2016 年）

・『働く君に伝えたい「お金」の教養』
出口治明、ポプラ社（2016 年）

・『ツギハギ漂流作家』
西公平、集英社（2006 年）※引用 P219

・『自由であり続けるために 20 代で捨てるべき 50 のこと』
四角大輔、サンクチュアリ出版（2012 年）

《ウェブサイト》

・「キャッシュレス派と現金派で“貯金格差”か　貯蓄増加額に 2.7 倍の差　JCB 調べ」
ITmediaNEWS、2018 年 3 月 19 日
http://www.itmedia.co.jp/news/articles/1803/19/news136.html#utm_term=share_sp

・「スマートフォン契約数および端末別の月額利用料金・通信量（2015年3月）」
株式会社 MM 総研、2015 年 6 月 11 日
https://www.m2ri.jp/news/detail.html?id=43

・「『大掃除と断捨離』に関する意識調査」
メルカリ、2017 年 11 月 24 日
https://about.mercari.com/press/news/article/20171124_survey_report/

・「【気づけなかったらガチ没収】てつやの物たくさん盗んでみた !!!」
東海オンエア、YouTube、2018 年 1 月 19 日
https://www.youtube.com/watch?v=DXXRsHm1RIw&feature=youtu.be

・「【総額 160 万円】iMac Pro を買う、そして壊れる。」
ないとー Vlog、YouTube、2018 年 3 月 20 日
https://www.youtube.com/watch?v=u6mvs3Qh8kU

・「インスタ女子による『インスタ疲れ』や、メルカリのシェア倉庫化、YouTuber は『芸能人ではなく友達』など、スマホユーザー 9 つのトレンド（2017）」
アプリマーケティング研究所、2018 年 2 月 8 日
http://appmarketinglabo.net/smaphotrend2017/

・熊谷史人 Twitter　@kuma1977

・「ムヒカ大統領から日本人へのメッセージ」
新井由己 note、2015 年 10 月 18 日
https://note.mu/tokotonstudio/n/n7a263959e554

・「うつ病？と思ったら、腸内環境の悪化も疑ってみよう」
パレオな男、2015年3月24日
http://yuchrszk.blogspot.jp/2015/03/blog-post_24.html

・「なぜお腹を壊すと頭まで悪くなってしまうのか？」
パレオな男、2016年7月21日
http://yuchrszk.blogspot.jp/2016/07/blog-post_21.html

・「食欲が止まらない！と思ったら、腸内環境の悪化を疑ってみよう」
パレオな男、2015年3月26日
http://yuchrszk.blogspot.jp/2015/03/blog-post_47.html

・「ホリエモン『健康意識が芽生えるのって手遅れになってからなんだよね』今からできる病気予防って？」
U-NOTE、2017年4月28日
http://u-note.me/note/47507158

・「バリー・シュワルツ：選択のパラドックスについて」
TED、YouTube、2007年1月16日
https://www.youtube.com/watch?v=VO6XEQIsCoM

・「キンコン西野の新サービス『レターポット』の開発費用を集めたい」
CAMPFIRE
https://camp-fire.jp/projects/view/48069

・公益財団法人東京都人権啓発センター、
TOKYO人権第56号（2012年11月27日発行）
https://www.tokyo-jinken.or.jp/publication/tj_56_interview.html

著者経歴

ミニマリストしぶ
澁谷直人
Naoto Shibuya

自身の生活や考えを綴った「ミニマリストしぶのブログ」は、月間100万PVを超える人気ブログ。


1995年生まれの福岡県北九州市出身。ほしいものはなんでも手に入る、超裕福な“マキシマリスト”の家庭で育つが、中学進学と同時に、父親の自己破産が原因で両親が離婚。

「ほしいものが買えない自分は不幸」と毎日お金のことばかり考える思春期を過ごす。

フリーターだった19歳のときに、ひとり暮らしをしようと思い立ち、Googleで「冷蔵庫　なし」と検索した瞬間から人生が一変。

必要最小限での生活に目覚める。現在もなお、福岡で家賃2万円・4畳半の小さな家に住み、生活費7万円で幸せに暮らす。

財布を持たず、服は同じ物を複数購入して毎日同じコーディネート（私服の制服化）。時間も思考も人間関係も必要最小限。

お金や物だけでなく、人生のあらゆる局面において、よりストイックに、よりミニマルに自分を研ぎ澄ます。


「ミニマリズムの魅力を広める」を目的に事業を展開する「Minimalist」の代表。

・ミニマリストしぶのブログ：https://sibu2.com
・Twitter：@SIBU__
・Instagram：@minimalist_sibu

手ぶらで生きる。
見栄と財布を捨てて、自由になる50の方法

2018年5月7日　初版発行

著　者　ミニマリストしぶ

デザイン　井上新八
イラスト　山内庸資
写真　榊 智朗／ミニマリストしぶ
DTP　セールストリガー

営業　二瓶義基／石川 亮（サンクチュアリ出版）
広報　岩田梨恵子／南澤香織（サンクチュアリ出版）
編集協力　中田千秋
編集　吉田麻衣子（サンクチュアリ出版）

発行者　鶴巻謙介
発行所　サンクチュアリ出版
〒113-0023 東京都文京区向丘 2-14-9
TEL03-5834-2507 FAX03-5834-2508
http://www.sanctuarybooks.jp
info@sanctuarybooks.jp

印刷　株式会社 シナノ パブリッシング プレス

ISBN978-4-8014-0051-1